세계 최고의 MBA는
무엇을 가르치는가

Best Lectures from Professors at the World's Top Business Schools

세계 최고의 MBA는
무엇을 가르치는가

사토 지에 지음 황선종 옮김

싱긋

머리말

이 책은 세계적으로 손꼽히는 경영대학원(비즈니스 스쿨)에서 현재 무엇을 어떤 식으로 가르치는지, 그 정수를 알기 쉽게 소개하는 데 목적이 있습니다.

하버드대나 스탠퍼드대 등 들어가기 어렵기로 유명한 13개 경영대학원을 나온 사람들에게 '인상에 강하게 남이 있는 강의'를 두세 가지 선택하게 해서, 당시의 강의 내용을 전해 듣고 재구성한 것입니다.

요컨대 '수강생의 눈으로 본 비즈니스 스쿨의 강의'를 소개해놓은 책입니다. 강의내용은 물론이고 강의를 들으며 생각했던 점이나 강의를 통해 배운 점, 그리고 강의를 통해 자신들이 어떻게 바뀌었는지 등이 서술되어 있습니다.

유럽과 미국의 비즈니스 스쿨은 과연 어떤 사명을 갖고 있을까요?

다름아닌 '글로벌 리더의 육성'입니다.

가령 하버드 비즈니스 스쿨의 사명은 '세계에 변화를 가져올 리더를 교육하는 것'이며, 스탠퍼드 비즈니스 스쿨은 '사람들의 생활을 바꾸고 조직을 바꾸고 세상을 바꿀 인재를 육성하는 것'을 사명으로 내걸고 있습니다.

이런 비즈니스 스쿨을 졸업한 학생들은 현재 세계 각국의 정계 및 재계에서 활약하고 있습니다. 그들 대부분이 사람들을 이끌어가는 '지도자'의 위치에 올라서 있습니다. 일국의 대통령, 대기업 CEO, 벤처기업의 CEO, 경영컨설팅 회사의 파트너, NPO 대표 등, 졸업생들은 다방면으로 진출하고 있습니다.

이와 같은 글로벌 리더를 육성하기 위해 세계 최고의 경영대학원에서는 무엇을 가르치고 있는 걸까요?

크게 나누면 세 가지가 있습니다.

첫째는 하드스킬이라고 하는 실무입니다. 회계, 재무, 마케팅, 오퍼레이션, 거시경제, 미시경제 같은 전문지식입니다. 실무라고 해도 비즈니스 스쿨에서는 '경영자의 관점'에 서서 가르치는 것이 특징입니다. 예컨대 회계를 가르칠 때도 회계사가 되기 위한 전문지식이 아니라 '경영자에게 필요한 숫자 읽는 법'을 가르쳐줍니다. 그래서 비즈니스 스쿨의 강의과목에는 'Managerial ○○', '○○ Management'라는 강의가 많습니다.

둘째는 소프트스킬, 즉 사람을 이끌고 가는 데 필요한 능력입니다. 비즈니스 스쿨에는 리더십, 커뮤니케이션, 조직행동, 그리고 자기분석 등 리더로서 필요한 인격을 갈고닦는 강의가 다양하게 개설되어 있습니다. 이런 강의에서는 통계나 데이터를 사용하는 이론도 배우지만, 기본적으로 정답이 없는 문제에 대해 배웁니다. 학생들은 스스로 생각하고, 다양한 훈련을 통해 자신에게 적절한 소프트스킬을 익히게 됩니다. 강의시간에 배우학원과 같이 롤 플레이나 시뮬레이션을 되풀이하고, 프리젠테이션과 스피치 등을 직접 하면서 소프트스킬을 배우고 있습니다.

셋째는 실습입니다. 'Lads', 'Project', 'FIELD' 등 학교에 따라 강의명은 다르지만, 실제로 신흥경제국이나 기업에 가서 각종 문제를 해결하는 프로젝트를 해나갑니다. 하드스킬과 소프트스킬의 사용법을 현장에서 익히는 것이죠. 교수의 강의에서 뭔가를 배우기보다는 직접 '현장에서 몸으로 배우는' 것이 목적입니다.

현재 비즈니스 스쿨의 커리큘럼은 이 세 가지를 조합한 것으로 구성되어 있습니다.

서두에서 현재 가르치는 강의라고 하면서 '현재'를 강조한 이유는 비즈니스 스쿨의 강의형식이나 커리큘럼이 시대에 따라 변하기 때문입니다. 그때그때 글로벌 리더에게 필요한 지식과 능력이 변하는 것이죠. 제가 컬럼비아 비즈니스 스쿨에 다니던 2000년 당시와 비교하더라도 지금은 꽤 많이 변했습니다.

한 예로 강의형식을 들 수 있습니다.

당시에는 대부분의 강의에서 '사례집'을 사용했습니다. 사례집은 과거에 기업이나 경영자 등이 직면했던 문제를 이야기 형식으로 엮어놓은 교재를 말하는데, 강의 때 토론용으로 쓰려고 만들어놓은 것입니다. 사례 연구법case method은 하버드 비즈니스 스쿨이 개발한 강의형식으로, 수많은 비즈니스 스쿨에서 활용하고 있지요.

그런데 요즘에는 '실습'이나 '연습'과 같은 과목이 부쩍 늘어나고 있습니다.

물론 2013년 현재도 사례 연구법을 중심으로 강의가 이루어지고 있지만, 과거의 사례가 별 도움이 되지 않는 최첨단 주제의 강의에서는 사례집이 쓰이지 않습니다. 오히려 교수가 스스로 경영하는 IT 기업에서 겪었던 문제를 소재로 삼아 토론을 하거나, 최신 경영기법을 가르치고 있습니다. 그렇기 때문에 비즈니스 스쿨에서는 경영자를 겸임교수나 겸임강사로 초빙하는 경우가 많습니다.

신흥경제국의 사업에 관한 강의에서도 사례를 그다지 활용하지 않습니다. 과거의 사례는 별 도움이 되지 않기 때문에 현지에서 실습을 하는 것이 중요해졌습니다.

다트머스 대학의 비제이 고빈다라잔 Vijay Govindarajan 교수가 지적했던 대로, 이제는 신흥경제국이 선진국과 같은 길을 걸으며 발전한다는 말은 통용되지 않습니다. 신흥경제국에서부터 이노베이션이 일어나고, 선진국을 뛰어넘어 발전하고 있는 시대입니다. 그렇다면 선진국에서 이루어진 과거의 성공 사례보다는 현재 이노베이션이 일어나는 신흥경제국의 경영 현장을 살펴보고 배워야 합니다.

커리큘럼에 대해서 말하자면, 모든 비즈니스 스쿨이 소프트스킬을 중심으로 한 리더십 교육에 힘을 기울이고 있습니다. 윤리, 커뮤니케이션, 자기분석 등을 필수과목으로 지정해서 리더십 강의에 많은 시간을 할당하고 있습니다.

'리더십은 선천적으로 타고나는 재능 아닌가', '굳이 큰돈을 들이면서까지 배울 가치가 있는 것인가' 등등의 지적도 없지 않지만, 비즈니스 스쿨은 '누구라도 훈련하면 리더십 능력을 개발할 수 있다'는 전제 위에 서 있습니다. 그렇기 때문에 리더십을 비즈니스 기술로서 자리매김하고, 머리와 몸속에 집어넣는 강의를 진행하고 있는 것입니다.

선택과목으로는 '창업', '이노베이션', '신흥경제국의 사업', '소셜 비즈니스' 등이 인기가 높습니다. 이 책에서도 여러 가지 강의를 소개하고 있습니다.

이러한 사정은 제가 학생 신분이던 2000년과는 크게 다릅니다.

당시에는 리더십 강의도 물론 있었지만, 이렇게까지 윤리나 커뮤니케이션을 중시하지는 않았습니다. 컬럼비아 비즈니스 스쿨의 1년차 필수과목은 선부 하드스킬 세열의 강의였고, 소프트스킨 계열은 선택과목이었습니다.

선택과목에서는 금융에 관한 강의에 학생들이 몰렸습니다. 미국에서는 IT 거품이 꺼지고 사모펀드나 헤지펀드가 각광을 받으면서, 언론계 출신인 저마저도 난해한 금융공학 강의를 들었습니다.

이런 강의형식이나 커리큘럼으로 바뀐 까닭은 2000년대에 들어서서 미국에서 잇달아 거액의 분식결산사건이 일어났기 때문입니다. 2001년에는 엔론이 파산하고, 2002년에는 월드콤이 400억 달러가 넘는 부채총액으로 파산했습니다. 이 밖에도 '우량기업'이라던 수많은 기업의 분식결산이 드러났으며, CEO나 COO 등이 꼬리를 물고 체포되었습니다.

그중에서도 엔론 사건은 비즈니스 스쿨에 커다란 영향을 주었습니다. 이 사건에서 공모와 사기죄로 수감된 CEO가 하버드 비즈니스 스쿨 출신이었기 때문입니다. 당시에 언론들은 '비즈니스 스쿨은 대체 어떤 교육을 해온 것인가'라며 신랄하게 비판했습니다.

그 결과 비즈니스 스쿨에서 리더십과 윤리 수업이 강화된 것입니다. 기존에는 선택과목이었던 소프트스킬 계열의 강의가 이제는 필수과목이 되었습니다.

또한 2010년에 하버드 비즈니스 스쿨은 커리큘럼을 대대적으로 개혁했습니다. 제10대 학장에 취임한 니틴 노리아Nitin Nohria 씨는 신흥경제국에서 실습하는 것을 중시했습니다.

인도 출신인 니틴 노리아 학장은 2013년 NHK 인터뷰에서 다음과 같이 말했습니다.

"하버드 비즈니스 스쿨은 현재 1년차 필수과목으로 학생 전원에게 의무적으로 신흥경제국에서 실습을 시키는 유일한 곳입니다. (…) 현재 시장에서 나타나고 있는 가장 중요한 변화는 사업을 시작할 수 있는 기회는 세계 어디에나 존재하며 이노베이션은 세계 어디서든 일어날 수 있다는 점입니다. (…) 우리는 모두 자국의 룰로 타국을 보고 있다는 점을 이해하면서, 그 편견을 없애고 진정한 의미에서 다른 나라에서도 사업기회를 잡을 수 있는 사람이 되어야 합니다." (NHK 'Biz 플러스' 2013년 1월 15일 방송)

그럼, 2013년 현재 하버드나 스탠퍼드의 커리큘럼은 어떤 식으로 짜여 있을까요? 입학 1년차의 필수과목은 〈그림 1〉, 〈그림 2〉와 같은 내용으로 구성되어 있습니다.

비즈니스 스쿨에서 학생들은 1년차에 필수과목, 2년차에 선택과목을 이수합니다.

2년차의 선택과목에는 필수로 학습한 과목의 상급편이나 전문지식을 깊이 다지는 것이 많지만, 다른 학부의 과목을 이수할 수도 있기 때문에 상당히 광범위합니다.

이 책에서는 미국과 유럽의 경영대학원 중 대표적인 13개 경영대학원을 소개하지만 그 모든 강의를 전부 다룰 수는 없습니다. 그래서 여기 各학생에게 자신들이 이수한 강의 중에서 '인상에 강하게 남아 있는 강의'를 두세 개 선택하게 해서, 그 내용을 되도록 상세하게 소개해놓았습니다. 필수과목은 물론이고 선택과목도 있는데, 결과적으로 각 학교의 특징을 쉽게 파악할 수 있는 강의를 소개하고 있습니다.

이 책을 집필하면서는 특히 독자 여러분이 비즈니스 스쿨의 수업을 '체험'할 수 있도록 신경을 썼습니다. 비즈니스 스쿨의 수업은 직접 참가해야만 가치가 있기 때문입니다.

필수과목은 60명에서 90명가량이 듣는 강의가 많고, 선택과목은 20명 정도의 강의부터 200명 규모의 강의까지 다양합니다. 보통 80분에서 90분 강의가 많지만, 세 시간을 넘기는 강의도 있습니다.

그림 1. 하버드 비즈니스 스쿨 입학 1년차 필수과목 (2013년 현재)

1학기	2학기
· 파이낸스1	· 비즈니스·정부·국제경제
· 회계보고와 감사	· 전략입안
· 리더십과 조직행동	· 창업가 정신과 리더십
· 마케팅	· 파이낸스2
· 테크놀로지와 오퍼레이션 매니지먼트	· 리더십과 기업의 윤리
· 신흥경제국 실습 기초	· 신흥경제국 실습3
· 신흥경제국 실습2	

* **출처** 하버드 비즈니스 스쿨 공식 웹사이트 http://www.hbs.edu

그림 2. 스탠퍼드 비즈니스 스쿨 입학 1년차 필수과목 (2013년 현재)

1학기	2~3학기
· 비판적·분석적 사고	· 기업재무
· 매니지먼트와 윤리	· 데이터 해석과 의사결정
· 재무회계	· 인재 매니지먼트
· 리더십 연습	· 정보 매니지먼트
· 매니지먼트 연습	· 관리회계
· 글로벌 전략	· 경영재무
· 그룹·팀 매니지먼트	· 마케팅
· 조직행동	· 미시경제학
· 전략적 리더십	· 오퍼레이션
	· 최적화·시뮬레이션 모델링
	· 시장논리를 넘어서는 전략입안

* 1년에 세 학기가 있는 3학기제
  출처 스탠퍼드 비즈니스 스쿨 공식 웹사이트 http://www.gsb.stanford.edu

세계 최고의 MBA는
무엇을 가르치는가

또한 어떤 과목이든 교수가 일방적으로 진행하는 강의는 거의 없으며, 교수와 학생이 수업을 함께 만들어가고 있습니다.

그래서 이 책에서는 교수의 질문, 표현, 학생들의 발언, 특별 게스트의 강연 등을 유학생이 최대한 사실에 가깝게 '재현'할 수 있도록 주의를 기울였습니다.

아무쪼록 책을 읽으면서 교수가 던진 질문에 '만일 자신이 유학생으로 그 자리에 있다면 어떻게 대답할 것인지' 잠시 생각해보기를 바랍니다.

저명한 교수의 가르침이나 이론에 대한 책은 다수 번역되어 나와 있어서 쉽게 접할 수 있습니다. 심지어 관련 강의나 강연을 동영상으로 볼 수도 있습니다.

그러니 비즈니스 스쿨의 강의는 직접 경험하면서 이루어지는 것이기 때문에, 그 자리에 참가해 머리를 굴리면서 내면 깊숙이 흡수해야만 가치가 있습니다.

각 장의 말미에는 비즈니스 스쿨의 수업을 들은 유학생들이 졸업 후에 어떤 선택을 했는지를 칼럼으로 소개합니다. 비즈니스 스쿨의 강의가 어떻게 '자기를 바꿔놓는지'를 실감할 수 있을 것입니다.

저명한 비즈니스 스쿨의 수강료는 2013년 현재 2년간 대략 12만 달러입니다. 이런 강의를 이수할 수 있는 일본인 유학생은 이 책에서 소개한 13개교를 전부 합하면 학년당 100명 정도나 될 것입니다. 안

타깝게도 여러모로 혜택 받은 사람이 아니면 수강할 수가 없습니다. 하지만 거기에서 가르치는 지식의 본령이 한정된 엘리트에게만 독점되는 것은 아닙니다.

비즈니스 스쿨의 강의에는 글로벌 시대를 살아가기 위한 '지식'이 듬뿍 담겨 있습니다.

그것은 연령이나 성별, 국적마저도 초월한 보편적인 내용이며, 오늘날을 살아가는 데 큰 도움이 됩니다.

운 좋게도 비즈니스 스쿨에서 교육을 받을 수 있었던 한 사람으로서 그 '지식'을 수많은 사람들에게 전해주고 싶은 마음에서 이 책을 집필했습니다.

끝으로, 집필과정에서 취재에 협력해준 15명의 유학생에게 마음 깊이 감사드립니다. 이 책이 독자 여러분에게 새로운 '지식'과 세계로 한 걸음 내딛는 '용기'를 줄 수 있기를 바랍니다.

2013년 8월
사토 지에

세계 최고의 MBA는
무엇을 가르치는가

제1장

하버드
비즈니스 스쿨(I)

하버드 학생들을 울리는 리더십론

—

'지금 여기에서
이제까지 이룩한
모든 것을 버려라'

'리더십과 기업의 윤리'
— 눈물을 흘리며 자신의 신념을 내보이다

하버드 비즈니스 스쿨에서는 매년 입학하기 전의 합격자들을 대상으로 학교설명회를 개최한다. 2011년 4월, 사사모토 고타로의 하버드 유학 생활은 실질적으로 이때부터 시작되었다. 설명회에서 입학담당관은 먼저 학생들에게 충격적인 말부터 던졌다.

"여러분의 합격을 축하합니다. 하버드대는 여러분이 지금까지 성취해온 일들을 높이 평가해서 입학을 허가했습니다. (…) 다만 그러한 성취는 지금 이 자리에서 잊어 버리기 바랍니다. 이제 곧 입학할 여러분이 당장 해야 할 일은 이제껏 성취해온 일들을 자랑으로 여기는 것이 아니라 세계에 변혁을 일으키기 위해 앞으로 무엇을 할 수 있는가를 생각하는 것입니다. 환영합니다. 하버드 비즈니스 스쿨에 입학한 것을."

그의 말대로 '하버드에 입학했다고 해서 성공한 삶이라고 자만심에 젖어 한가하게 있을 때가 아니구나'라고 실감한 것은 9월에 입학해서 맨 처음 들은 강의부터였다.

하버드의 수업은 모두 '영어 토론'으로 진행되고, 성적의 절반은 '발표 점수'로 매겨진다. 게다가 평가 시스템이 엄격해서, 해마다 졸업을 못하는 학생들이 상당수 있다.

사사모토는 일본에서 대학을 다닐 때 1년 동안 미국의 대학에 유학한 경험이 있고, TOEFL이나 GMAT 점수가 높아 하버드에 입학했다. 그런데도 원어민이 아니라서 불리한 점들이 있었다.

"영어회화 능력만을 비교하면 전체 900명의 동급생 가운데 끝에서 몇 번째나 될까 싶을 정도로 주변 학생들은 하나같이 영어 원어민이었습니다. 같은 아시아인이라도 영어를 완벽하게 구사합니다. 강의 시간에 제 생각을 영어로 표현하면 전달하고 싶은 내용의 20%도 채 전달되지 않는 건 아닐까 하는 생각도 들고 해서 정말 답답했습니다."

2012년 1월, 사사모토는 자신의 인생관을 바꿔버릴 강의를 만났다. 린 샤프 페인Lynn Sharp Paine 부교수가 담당하는 '리더십과 기업의 윤리'Leadership and Corporate Accountability 강의로, 석사과정 1년차 필수과목이었다.

이 강의에서는 '경제', '법률', '윤리' 이 세 가지를 축으로 비즈니스 리더의 사회적 책임에 관해서 배운다. 학생들은 리더가 '윤리적으로 모호한 결단'을 내리도록 몰리는 실제 사례를 소재로 토론을 한다.

이런 사례를 놓고 토론할 때, 학생들은 자신의 경험이나 인생철학을 거리낌없이 말한다.

교수는 철저하게 사회자로만 나서고 학생들이 주역이 된다.

이 강의가 시작되고 처음 몇 회에는 부정회계, 부정경리, 분식결산 등 최근 미국 경제의 근간을 뒤흔든 기업비리를 다루었다.

한 강의에서는 투자은행에서 일하는 신입사원이 상사에게서 '거짓 데이터를 고객에게 팩스로 보내라'는 지시를 받은 실화를 소재로 토론에 나섰다.

세계 최고의 MBA는
무엇을 가르치는가

상사는 이 신입사원을 특별전형으로 채용해준 은인이었다. 이 지시를 거절하면 틀림없이 회사를 떠날 수밖에 없는 상황이었다.

교수가 학생들에게 질문을 던졌다.

토론 주제
자신이 신입사원이라면 어떻게 할 것인가?

"우선 법무팀에 상의해봐야 하는 거 아닌가요?"

"그 상사의 상사를 만나보면 어떨까요?"

"설령 해고를 당할지언정, 이런 윤리에 어긋나는 짓은 할 수가 없습니다."

이런 식으로 의견이 오가는 가운데 한 학생이 발언을 했다. 리먼 브러더스에서 해고당한 경험이 있는 미국인 남학생이었다.

"해고를 당하더라도 상사의 지시에는 따르지 않겠다고 말하기는 쉽습니다. 그러나 실제로 해고를 당해본 적이 없는 사람은 그 말의 무게를 알 수가 없습니다. 윤리적으로 올바른 일이 통할 정도로 세상은 그렇게 단순하지 않습니다."

사사모토 고타로는 말한다.

"하버드대 강의에서는 교수가 소개한 사례와 같은 경험을 한 사람이 강의실 안에 반드시 있습니다. 윤리 수업에는 정답이 없기 때문에, 생동감 넘치는 토론을 거듭하면서 자신의 윤리관을 확립해나가야 합니다."

2012년 3월 강의시간에 사사모토는 더욱더 놀랐다.

이 강의에서는 부정회계로 체포된 부부의 실제 사연이 다루어졌다.

남편은 대기업의 인사담당으로, 채용 관련 업무에서 큰 권한을 쥐고 있었다. 아내는 높은 지위에 올라 책임 있는 일을 하고 싶어했다. 그래서 남편은 아내 명의로 인재알선 회사를 설립했으며, 그 회사를 통해 직원을 채용하기로 했다. 처음에는 깨끗한 관계를 유지했지만, 점점 청구나 지불 방식이 불투명해지더니 허위청구로 지불되는 일이 이어졌다. 그뒤 남편은 거액의 퇴직금을 받고 원만하게 퇴사를 했지만 결국 허위로 청구한 사실이 발각되었다. 회사는 부부를 고소했고, 결국 부부는 둘 다 체포되어 수감되었다.

이 강의에 초청강사로 불려온 사람은 놀랍게도 출소한 부부였다.

학생들은 당사자 앞에서 토론을 진행했다.

토론 주제
왜 이러한 잘못이 일어나는가?
자신이 이 남편이나 아내라면 어떻게 할 것인가?

토론을 거듭한 뒤 질의응답 시간이 되었다.

24

한 페루인 여학생이 이 부부에게 단도직입적으로 질문을 했다.

"감옥에서 출소한 당신들이 왜 굳이 하버드에 얼굴을 내밀었나요? 부끄럽지 않은가요? 저라면 절대 못 나옵니다!"

남편이 대답했다.

"제가 저지른 과오를 여러분 같은 인재들이 되풀이해서는 안 된다는 생각에 굳이 이야기를 하러 온 것입니다. 처음에는 별것 아니었어요. 하지만 그런 일이 거듭되면서 돌이킬 수 없는 지경이 되고 말았습니다. '이 정도라면 괜찮겠지'라고 넘길 수 있는 상황은 앞으로 여러분에게도 반드시 옵니다. 그러나 절대 '괜찮지' 않습니다. 그때 저희를 떠올리시기 바랍니다."

사사모토에게는 이 부부가 출소한 뒤 잘못을 뉘우치고 인생을 다른 식으로 살아가려는 모습이 인상적이었다.

남편은 이어서 말했다.

"저는 인생에서 큰 실패를 하고 말았지만, 그것으로 인생이 끝났다고는 생각하지 않습니다. 앞으로는 저의 잘못을 사람들에게 상기시킴으로써 그 사람들에게 도움이 되고 싶습니다. 그리고 실패로부터 배우면 인생을 다시 시작할 수 있다는 사실을 입증하고 싶습니다."

사사모토는 교수가 구태여 이 부부를 초청한 의미를 알 것 같았다.

"하버드에서는 '실패를 했다고 모든 것이 끝난 건 아니다. 거기에서 배워서 사람들에게 전해줄 때 가치가 있다'고 가르쳐줍니다. 이 강의는 그런 점을 눈앞에서 보여주었습니다."

'리더십과 기업의 윤리' 강의는 회를 거듭함에 따라 전쟁터에서의 생사에 관한 결단이나 소수자 문제 등 기업윤리를 넘어서는 커다란 주제를 다루었다.

2003년에 발발한 이라크전쟁 때 현지에서 미군 부대를 이끌던 부대장이 어려운 결단을 내려야 했던 일이 주제로 다뤄지기도 했다.

부대장의 눈앞에는 폭탄이 설치된 가옥이 있고 그 안에는 이라크인 3명이 남아 있다는 사실을 알았다. 이라크인들을 구하려면 자기 부대원들이 생명의 위험을 무릅써야 하는 상황이었다.

토론 주제
만약 자신이 이 부대장이라면 이라크인들을 구하러 집 안으로 들어갈 것인가?

이때는 아프가니스탄에서 군 생활을 한 적이 있는 미국인 학생이 발언을 했다.

"저는 부대원의 목숨을 최우선으로 여깁니다. 저는 아프가니스탄에서 동료 둘을 잃었습니다. 전쟁터에서는 올바른 윤리관보다 함께 싸우는 동료와의 신뢰관계가 훨씬 중요합니다."

전쟁터에서 자기 목숨을 걸고 싸웠던 사람의 말은 무엇보다도 설득력이 있었다.

세계 최고의 MBA는
무엇을 가르치는가

이 문제에는 정답이 없다.

결국 이 부대장은 혼자서 이라크인들을 구하러 진입하기로 결정했으며, 그 결단에 동의한 부대원 몇 명이 따라들어갔다. 그리고 이라크인들을 구출하는 데 성공했다. 하지만 미군 내에서는 이 결단을 두고 의견이 찬반으로 갈렸다고 한다.

마이너리티 그룹(사회적 소수자)에 대한 차별 문제를 놓고 토론한 강의에서는 국적, 인종, 종교, 성별 등에 근거한 차별뿐만 아니라 LGBT(레즈비언, 게이, 바이섹슈얼, 트랜스젠더 등 성적 소수자를 총칭하는 말) 사람들을 차별하는 문제도 다루었다.

아프리카계 미국인 남학생 등이 각자의 입장에서 발언한 뒤, 한 LGBT 미국인 남성이 손을 들었다.

"저는 게이기는 사실을 숨기며 살아야 한다는 게 무척 괴로웠어요. 하지만 용기를 갖고 커밍아웃을 함으로써 인생이 바뀌었습니다. 그리고 게이라는 사실을 밝힌 사람으로서 앞으로도 이런 문제를 해결하기 위해 살아갈 것입니다. 이 세상에는 커밍아웃을 하고 싶어도 할 수 없는 사람들이 꽤 많이 있습니다."

이 학생은 자기 파트너와 파트너의 부모를 강의실에 초대했다.

그리고 울면서 말을 이었다.

"저는 사랑하는 사람에게 그의 부모님 앞에서 사랑한다고 말할 수 있다는 점을 마음 깊이 다행으로 생각합니다."

강의실 곳곳에서 훌쩍거리는 소리가 났다.

사사모토는 이 강의를 통해 자신을 드러내는 일의 중요성에 대해 배웠다.

때로는 울어도 좋다. 자기 신념을 전함으로써 사람을 감동시키고 사람을 움직인다.

"저는 이 수업을 듣기 전까지 '리더가 윤리적으로 결단을 내리는 일'은 어딘가에 있는 올바른 답을 객관적으로 선택하는 것이라고 생각했습니다. 하지만 이 강의를 통해 자기 신념을 확립하고 그걸 드러냄으로써 사람을 움직이는 것이야말로 리더십이라는 사실을 배웠습니다."

하버드 강의 ②

'창업가 정신과 리더십'
— 불가능해 보이는 일에 계속 도전하라

2012년 1월에 시작된 '창업가 정신과 리더십'The Entrepreneurial Manager 강의는 사사모토의 인생에 큰 영향을 미쳤다.

이 강의를 맡고 있는 조지프 래시터Joseph Lassiter 교수는 하버드의 명물 교수다.

래시터 교수는 테라다인Teradyne이라는 벤처기업 출신으로, 1960년 대에 설립된 이 회사를 벤처기업에서 일약 세계적으로 유명한 자동검사장치ATE 제조회사로 성장시킨 주역이라고 한다.

이 강의에서는 창업을 목표로 하는 학생들이 어떻게 사업을 할 기회를 잡고, 세상 속에서 가치를 창조해가야 하는가를 생각하면서 '자기다운 창업방식'을 모색해나간다.

하버드에서는 창업에는 주로 4단계가 있다고 본다.

① 창업의 가치를 조사하여 결정한다.
② 자금, 인재 등 자원을 모은다.
③ 사업을 확장한다.
④ 출구전략을 생각한다(매각할 것인가, 더 키울 것인가).

각 단계에 따라 무엇을 창업의 기회로 볼 것인가, 사업 모델의 어느 부분이 보증되면 사업을 개시할 수 있는가, 자금은 어느 정도나 조달하면 좋은가 등 창업에 필요한 지식이나 기술을 체계적으로 배운다.

하버드 비즈니스 스쿨에서는 '창업가 정신'을 다음과 같이 정의한다.

"Entrepreneurship is the relentless pursuit of opportunity beyond the constraints of the tangible resources currently controlled.

창업가 정신이란 현재 자기 수중에 있는 통제 가능한 자원의 한계를 넘어 끊임없이 창업의 기회를 노리는 것이다."

이런 경우의 자원이란 자산, 능력, 기술 등을 의미한다.

"하버드는 언어의 정의定義를 상당히 중시합니다. 마케팅이란……리더십이란…… 등등의 모든 강의는 공통된 정의를 토대로 이루어지며, 창업가 정신의 강의도 이 정의를 토대로 진행되고 있습니다."

사사모토는 '②자금, 인재 등 자원을 모은다' 단계를 다룬 강의시간 때, 일본의 창업환경에 대해 발언하면서 창업가 정신의 정의를 실감했다.

"일본에서는 우수한 사람이 대기업에서 종신고용을 전제로 근무하는 경우가 많아, 스타트업 기업이 인재를 모으기가 어렵습니다. 또한 리스크 머니risk money도 적다고 합니다. 이런 환경에서 창업에 성공하기 위해서는 어떻게 하면 좋을까요? 창업을 하고 싶다면 일본을 떠나는 편이 나을까요?"

래시터 교수는 이렇게 대답했다.

"창업이라는 것은 한정된 환경에서 불가능해 보이는 일을 가능하게 하기 위해 끊임없이 도전하는 노력입니다. 처음부터 혜택 받은 환경은 일본뿐만 아니라 세계 어디에도 없습니다."

사사모토는 말한다.

"'하버드의 MBA는 편한 인생으로 가는 티켓이 아니다'는 말을 종종 듣는데, 항상 자기가 가진 자원을 넘어선 지점에 계속 도전하는 자세야말로 비즈니스 스쿨에서 가르치려고 하는 정신이란 점을 깨달았습니다."

세계 최고의 MBA는
무엇을 가르치는가

래시터 교수는 이 강의에서 인생의 지침과 창업 이면에 있는 인간의 이야기를 가르치고 있다.

사사모토의 인상에 깊이 남아 있는 이야기 중에는 인도의 벤처기업인 오피스타이거와 관련된 이야기가 있다.

오피스타이거는 하버드에서 래시터 교수의 강의에 감명을 받은 조지프 시겔만이 1999년 인도에 세운 비즈니스 프로세스 아웃소싱[BPO] 회사다. 시겔만은 원래 골드만삭스나 라자드 프레레 등에서 활약한 은행가였는데, 래시터 교수의 강의에 감명을 받고 창업하기로 결심했다. 당시 인도에서는 유럽이나 미국 사람이 창업하는 일은 드물었는데, 그는 굳이 인도에서 창업을 했던 것이다.

오피스타이거는 유럽이나 미국 회사의 사무업무(경리, 회계, 인사 등)를 위탁받아 인건비가 저렴한 인도에서 처리함으로써 급성장을 이루었다. 그리고 2006년 2억 5,000만 달러에 매각되었다. 시겔만은 '아시아에서 가장 성공한 젊은 기업가 중 한 사람'이 되었다.

이 실화를 이야기하면서 래시터 교수는 금전적인 성공보다도 제자인 기업가가 인도 사람들에게 얼마나 공헌했는가를 강조했다.

래시터 교수는 강의에서 30만 명이 넘는 사망·실종자가 발생한 인도네시아 지진해일 사태 때(2004년 12월) 시겔만과 주고받았던 이메일을 소개했다.

지진 뉴스를 들었을 때 이 교수는 무엇보다도 현지에 있는 시겔만의 안부를 걱정했다. 교수에게 이메일을 받은 시겔만은 이런 답신을 보냈다.

"저는 무사합니다. 자원봉사대를 조직해서, 지진해일 피해를 입은 사람들을 위해서 할 수 있는 일을 시작하고 있습니다."

시겔만은 미국으로 귀국하지 않고 현지에 머물면서 분주하게 자원봉사활동을 했다.

래시터 교수는 그때를 회상하며 이렇게 말했다.

"저는 시겔만 씨가 자랑스러웠습니다. 회사를 세워 사업을 하는 목적은 단지 돈을 벌기 위해서가 아닙니다. 사회에 좋은 영향을 미치기 위해서인 것입니다. 여러분도 이와 같은 기업가가 되기를 바랍니다."

2012년 5월에 래시터 교수가 마지막 강의에서 한 말은 사사모토의 가슴에 깊이 남았다.

사사모토는 이 강의에서 세상을 바꾸어나가는 비즈니스 스쿨 출신자들의 힘을 실감했다고 한다.

"미래는 어떻게 될 것인가? 저는 그런 건 모릅니다. 다만 한 가지 여러분에게 약속할 수 있는 것이 있습니다. 그것은 설령 세계가 아무리 변하더라도 저는 여기에 있을 것이란 사실입니다. 이곳에서 언제라도 여러분을 도와줄 마음이 있다는 것입니다. 언젠가 제가 이곳을 떠나게 되더라도 저 대신 누군가가 반드시 이곳에서 여러분에게 조언해주고, 여러분의 성공을 함께 기뻐해줄 것입니다. 이것은 제가 평생 보증합니다. 이 보증을 이용하세요. 그리고 당신밖에 할 수 없는 멋진 일에 도전하세요. 여러분은 거기에 도전할 권리와 책임을 갖고 있

습니다." (조지프 래시터 교수)

"저에게는 저만이 할 수 있는 일에 도전할 수 있는 권리와 책임이
있습니다. 이 '책임'이라는 말을 무겁게 받아들이고 있습니다."

사사모토 고타로의 진로

사사모토는 2013년 7월 현재 덴쓰의 경영기획국에 근무하면서 경영 관련 업무
를 폭넓게 맡고 있다.

MBA 유학 전과 비교하면 파이낸스 능력이나 경영전략 체제 등에서 실무능
력이 한층 향상되었음을 실감하고 있다.

하버드 비즈니스 스쿨에서 갈고닦은 토론 능력도 매일 열리는 회의시간 때
큰 도움이 되며, 인맥 네트워크도 커다란 재산이다.

하지만 사사모토는 'MBA를 취득해서 갖게 된 실무능력이나 인맥'은 널리
가겠지만, 기존의 우호적 여건에 의지해 경력을 쌓아갈 생각은 전혀 없다고 한
다. 그 편이 안정되고 편하다는 사실은 물론 알고 있다.

사사모토는 'MBA를 취득한 지금이기 때문에 할 수 있는 일'이 아니라 'MBA
를 취득한 지금도 할 수 없을 것 같은 일'이야말로 가치창조의 기회를 갖고 있다
고 생각한다. 언제나 달성하기 힘든 높은 목표를 세우고 새로운 일에 도전해나
간다. 바로 이것이 하버드 비즈니스 스쿨의 창업가 정신이다.

앞으로 경영기획국에서 도전하고 싶은 일은 사내 창업이나 신규사업개발이다.

일본의 수많은 대기업이 계속 도전하고 있지만 아직도 성공 사례는 적다. 일
본의 창업환경을 생각하면 분명 하나의 난제이지만, 이 일을 하는 것이 MBA를
취득한 사람의 책임이라고 실감하고 있다.

사업계획이 완성되었을 때 제일 먼저 상의할 사람은 물론 하버드대의 조지프
래시터 교수다.

하버드 비즈니스 스쿨 Harvard Business School

미국 보스턴에 있는 하버드 대학의 경영대학원으로, 1908년에 창립되었다. 세계에서 들어가기 어렵기로 유명한 비즈니스 스쿨 중 하나이며, 제너럴 매니지먼트 교육은 세계 최고봉이다. 기업의 실제 사례를 토대로 교수와 학생이 토론을 벌이는 '사례 연구법'이라는 수업 형식을 개발했다. 지금은 사례 연구법뿐만 아니라 'FIELD'라고 불리는 현지 실습을 도입해서 시행하고 있다. 학교의 사명은 "세계에 변화를 가져올 리더를 교육하자"이다.

사사모토 고타로笹本康太郎

1979년 아이치현에서 태어났다. 2003년 교토 대학 종합 인간학부를 졸업한 뒤, 주식회사 덴쓰에 입사했다. 마케팅국 등에서 국내외 홍보 업무에 종사했다. 2011년 하버드 비즈니스 스쿨에 입학했으며, 2013년 MBA(경영학 석사)를 취득했다. 현재 덴쓰 경영기획국에서 경영 관련 업무를 폭넓게 담당하고 있다.

제2장

스탠퍼드 대학
비즈니스 스쿨(Ⅰ)

스탠퍼드 대학에서 배우는 복잡한 인간관계

—

'배우학원'을
방불케 하는
롤 플레이 연습

'리더십 연습'

— 창업의 '복마전'을 미리 겪어본다

스탠퍼드 대학 비즈니스 스쿨의 커리큘럼은 소프트스킬(커뮤니케이션 스킬)에 중점을 두고 있는 점이 특징이다. '회사를 세웠을 때 무엇보다도 중요한 것이 인적 자원 관리다'라는 스탠퍼드의 기본자세를 나타내고 있다.

비즈니스 스쿨에 입학해서 처음 3개월은 '파이낸스', '마케팅', '회계' 등의 실무뿐만 아니라 '리더십', '윤리', '조직행동' 등 리더에게 필요한 인격을 형성하기 위해서 소프트스킬을 실천적인 연습을 통해 철저하게 배운다.

이시쿠라 다이키는 2011년 9월 스탠퍼드에 입학했을 때, 배우학원을 방불케 하는 롤 플레이 강의가 많아서 깜짝 놀랐다.

특히 스탠퍼드의 1년차 강의 중에서 가장 유명한 '리더십 연습' Leadership Lab은 이시쿠라의 가치관을 크게 바꿔놓았다.

"저는 바이오 벤처기업 업무로 미국에서 생활할 때 인적 관리 문제로 꽤 고생했습니다. 왜 그때 원활하게 풀어가지 못했는지, 그 이유를 깨우쳐준 강의였습니다."

이 수업에는 6명씩 한 팀이 되고, 그 안에 2년차생이 한 명 있어서 1년차생의 상대역이 되어준다. 그리고 담당교수가 없다는 점도 특징이다. 급성장하는 조직 속에서 생기는 경쟁과 갈등을 어떻게 극복해 나갈 것인가를 롤 플레이 연습으로 배워간다.

직원해고, 조직개편 등 경영자가 직면하는 다양한 사례를 토대로 1년차생은 직원을 해고하는 등의 어려운 역할을 연기한다.

강의는 비디오로 촬영된다. 매번 팀원들이 모여 비디오를 보며 토론을 하면서 잘못된 점을 분석한다.

이시쿠라는 특히 '6명의 팀원이 서로의 리더십에 대해 종합적으로 피드백을 하는' 수업이 인상적이었다.

이시쿠라는 리더로 임명되었다.

강의 전에 각 팀의 리더 회의가 있었는데, 이시쿠라는 마음이 무거웠다.

6명의 팀원 중 뉴욕에서 온 미국인 여학생(전에 경영컨설턴트였다)과 남부에서 온 아랍계 미국인 남학생(창업을 한 경험이 있다)이 서로 사이가 좋지 않았기 때문이다. 이 문제를 놓고 다른 팀의 리더와 상의했더니 뜻밖의 반응이 돌아왔다.

"그렇게 정말로 사이가 안 좋은 팀이라면 더 바랄 게 없지!"

이 강의는 팀원에게 긍정적인 일이든 부정적인 일이든 구체적으로 피드백을 하는 것이 목적이다. 그에 따라 자신의 발언이나 태도가 주위 팀원들에게 어떤 인상을 주었는지를 이해할 수 있게 된다.

수업 당일에 작은 회의실 가장자리에서 6명이 서로 비슷한 거리를 유지한 채 서서 피드백을 하기 시작했다. 일부러 심리적인 거리를 두기 위해 물리적으로도 거리를 두고 선 것이다.

세계 최고의 MBA는
무엇을 가르치는가

예상대로 문제의 두 사람이 맞붙었다.

여학생: "당신은 나의 모든 발언에 항상 고압적인 태도로 되받아치기 때문에 내 의견이 무시당하는 듯해서 상처를 받아요. 우선 서로의 생각이나 의견을 존중해줘야 하지 않을까요?"

남학생: "잘못된 것을 잘못되었다고 하는데 뭐가 나쁜 거죠? 당신이야말로 자기 생각이 항상 받아들여져야만 만족하는 유형으로, 자의식 과잉을 보이지 않나요? 나는 당신이 일방적으로 끌고 가는 시간을 좀더 줄여서, 다른 사람의 의견도 존중하며 듣고 싶은 겁니다."

나중에는 둘 다 눈물이 글썽글썽해져서 멘토 역할을 맡은 2년차 생이 중재에 나설 수밖에 없었다.

이시쿠라는 그때를 회상하며 말했다.

"둘 다 리더십을 발휘하기 어려운 유형으로, 시코 추호도 양보하기 않았습니다. 남성은 사회적 소수자로서 미국에서 열심히 살아왔다는 자존심 강한 사람이었고, 여성은 다른 수업에서도 항상 그 자리를 지배하려고 드는 사람이었습니다. 둘 다 서로 끝내 다가서지 않더군요. 결국에는 둘 다 눈물이 맺혀 있어서 가슴이 철렁했지만, '서로를 어떻게 느꼈는지'를 철저하게 피드백하는 수업이었기 때문에 목적은 이루었다고 생각했습니다."

이렇게 실전을 방불케 하는 롤 플레이를 되풀이하면서, 2011년 12월 8일에 강의의 하이라이트인 기말시험이 진행되었다.

'이그젝티브 챌린지'라는 스탠퍼드의 명물 이벤트다.

시험 당일 아침에 연습 제목이 제시되고 배역이 정해진다.

학생의 상대역은 스탠퍼드 졸업생이다. 이날을 위해 150명이 넘는 졸업생이 상대역 겸 시험의 평가자로서 미국 전역에서 모인다. 대기업의 CEO/임원, 컨설팅 회사의 임원, 벤처캐피털 임원, 창업가 등이 한자리에 모여 학생들과 진검승부를 벌인다.

이시쿠라가 참가했을 때의 설정은 다음과 같은 것이었다.

사례

어느 벤처캐피털의 투자가는 투자처인 회사가 경영부진에 처함에 따라 창업자 겸 CEO를 그만두게 하고 새 CEO를 선임했다. 오늘은 새 CEO가 경영진과 처음 대면하는 날이다. 경영진은 창업자를 흠모해서 이 회사에 입사했던 사람들이다. 당신이 새 CEO라면 어떤 식으로 경영진의 신뢰를 얻을 것인가?

학생은 CEO역을 맡고 백전노장의 졸업생은 창업자측의 임원역을 연기한다. 대본은 없이 즉흥적으로 이 설정에 따라 배역을 연기해야 한다.

"임원진은 창업자가 갑자기 그만두게 된 점에 불만을 품고 있었고, 새 CEO를 믿지 못하기 때문에 긴장감이 감돌고 있었습니다. 강의라고 해도 진지하기 그지없었지요. 졸업생은 실제 창업을 했던 경험이 있는 사람들이 대부분이고, 거의 다 현역 임원진이라서 경험을 토대로 현실감 있게 재현해주었습니다. 저희에게 해주는 피드백도 '그 한

마디로 자네에 대한 신뢰감이 한층 높아졌다'든지 '설득할 사람의 순서를 바꿔라'든지 하는 식으로 무척 구체적이었습니다."

그중에는 신랄하게 지적받아 눈물을 흘리는 학생조차 있었다고 한다. 이시쿠라는 말한다.

"미국에서는 특히 어려운 상황에 처했을 때 무엇보다도 사람과의 커뮤니케이션에 신경 써야 한다는 사실을 깨달았습니다. 저는 회사를 설립한 직후에는 회사의 제품과 서비스에 정열을 쏟아야 한다고 생각했는데, 조직의 리더는 조직관리를 최우선적으로 고려해야 하며, 그렇게 함으로써 비로소 일하는 직원들이 제품이나 서비스 향상에 집중할 수 있다는 점을 실감했습니다."

스탠퍼드에서 익힌 리더십 능력을 살려 사업에 성공하고 싶다는 욕구가 강해졌다고 한다.

스탠퍼드 강의 ②
'성장기업의 매니지먼트'
— 리더는 해고 사실을 어떻게 전하는가?

"저는 이 수업을 듣고 나서 앞으로 저의 리더십 스타일을 어떻게 확립해가면 좋을지에 대해 하나의 지침을 얻을 수 있었습니다."

2012년 9월, 이시쿠라는 인생이 바뀔 정도로 강렬한 인상을 받은 강의를 만났다. 스탠퍼드의 명물 교수 어빙 그로스벡Irving Grousbeck 고

문교수가 담당하는 '성장기업의 매니지먼트'Managing Growing Enterprises 강의다.

어빙 그로스벡 교수는 미국에서도 손꼽히는 창업가다.

1964년 하버드 비즈니스 스쿨에서 알게 된 아모스 호스테터Amos Hostetter와 함께 케이블 방송국인 컨티넨털 케이블비전을 세웠다.

케이블 TV가 막 보급되기 시작하던 여명기에 창업한 이 회사는 그뒤 시대의 흐름을 타고 1990년대에는 미국 제3위의 케이블 방송국이 되었고, 1996년 110억 달러에 매각되었다.

그로스벡 교수는 이 회사를 퇴직한 뒤 여러 기업에서 임원으로 활동하면서 20년 넘게 스탠퍼드에서 창업가 정신을 가르치고 있다.

이 교수는 조직행동이 전문분야인데, 특히 '어려운 상황에서 이루어지는 커뮤니케이션'을 중점적으로 가르치고 있다. 비즈니스 스쿨뿐만 아니라 의학부에서도 의사가 환자나 가족에게 심각한 증상을 어떻게 전해야 하는가에 관한 강의를 진행하고 있다.

이 강의에서는 1년차의 '리더십 연습'Leadership Lab을 기초로 하고, 나아가 좀더 전문적인 것으로서 창업 때 필요한 매니지먼트나 커뮤니케이션 기술을 배운다.

이 강의에서도 롤 플레이를 하는데, 매번 학생이 몇 명쯤 지명되어 강단에서 지정된 배역을 연기한다.

그런데 스탠퍼드 졸업생이 세운 회사의 실제 상황이 사례로서 출제된다는 점이 특징이다. 그리고 강의 마지막에는 반드시 해당 사례의 실제 인물이 나와서 이야기를 들려준다. 이시쿠라의 인상에 남아 있는 수업에서는 다음과 같은 사례가 소개되었다.

사례
A(CEO)와 B(COO)는 벤처기업의 공동창업자 겸 이사다. 벤처캐피털이 투자를 하는 조건으로서 이사를 A 한 명이 맡아달라는 요청을 해왔다. 당신이 A라면 B에게 이 사실을 어떻게 전달하겠는가?

그로스벡 교수는 반드시 불이익을 받는 역을 맡아 연기하면서, 설득하는 역을 맡은 학생을 정색을 하고 몰아친다.

"이처럼 어려운 상황에서는 처음에는 아이스 브레이킹ice breaking을 해서 분위기를 누그러뜨린 뒤 본론으로 들어가야 한다고 생각했습니다. 그런데 교수는 '어려운 결정을 전할 때는 결론부터 먼저 말하세요. 상대의 표정이나 말투 등으로 반응을 살피면서 이야기의 강약을 조절하세요. 그다음에 상대의 주장을 듣는 겁니다'라고 말하더군요. 그리고 '거울 앞에서 몇 번이고 예행연습을 하세요'라고 말해주었습니다. 모두가 놀랄 정도로 세심하게 상대방을 배려하는 법을 가르쳐주었지요."

사례의 두 주인공이 강의실에 와서 당시의 모습을 사실대로 말해주었다.

"A와 B는 역시 거리를 두고 앉는 등 미묘한 관계였습니다. B는 은연중에 자기가 회사를 떠나야 한다는 사실을 알고 있었지만, 역시 A에게 해고 관련 이야기를 들었을 때는 눈물이 나왔다고 합니다. B는 그뒤 다른 회사를 차렸습니다."

이시쿠라는 이 강의를 통해 리더십에 정답은 없다는 점을 배웠다.

"저는 이 강의를 듣기 전까지는 리더십에 대해서 '일본식' 혹은 '미국식' 등 문화별로 이상적인 리더십 스타일이 있는 게 아닌가 생각했습니다. 하지만 일류 글로벌 리더십이란 국가나 문화의 경계를 넘어서 사람을 이끌어주는 것입니다. 그러기 위해서는 리더로서 인격을 갈고 닦는 일이 중요하다는 점을 절실히 느꼈지요. 이것은 당연해 보여도 대단히 어려운 일입니다."

리더십을 배우기 위해서는 이론보다 실천이 중요하다. 그래서 스탠퍼드에서는 롤 플레이 연습을 중시한다.

이시쿠라는 그로스벡 교수가 이 수업 끝에 한 말을 잊을 수가 없다. 교수의 리더십론을 응축해놓은 말이다.

"사람들에게 항상 신뢰받는 리더가 되려면 진정성authentic을 갖고 있어야 한다는 사실을 명심하세요. (…) 무슨 일이든 솔직하게 전달하는 것이 제일입니다. 상대가 받아들이기 어려운 결단을 내릴 때는 오히려 직접적으로 말해야 합니다. 또한 상대에게 예의를 다해야 한다는 점을 잊어서는 안 됩니다."

이시쿠라 다이키의 진로

2013년 7월, 이시쿠라는 주식회사 일본의료기기 개발기구의 CFO 겸 경영기획실장에 취임했다. 공동창업을 한 회사로, 일본 기술로 만든 의료기기를 전세계에 판매하는 인큐베이션 사업을 하고 있다.

스탠퍼드 대학은 졸업하지 않았다. 복학할지 어떨지는 모른다.

유학 2년째가 시작되는 2012년 가을에 지인에게서 인큐베이션 사업을 함께하자는 권유를 받은 것이 창업의 계기라고 한다.

"새로운 사업을 해보자는 권유를 받았을 때, 1년 남짓의 시간과 수백만 엔의 수강료를 투자해서 더 배우는 것이 지금 나에게 가장 중요한 일이 아닐까 하고 깊이 생각했습니다."

결국 이시쿠라는 2012년 12월에 일본에 귀국해서 사업을 시작했다.

사업을 시작하고 나서 스탠퍼드에서 배운 것이 얼마나 가치 있는 것인지를 새삼스럽게 느꼈다고 한다.

"제가 스탠퍼드에 유학을 간 목적은 두 가지였습니다. 하나는 리더십 등 소프트스킬을 몸에 익히는 것이고, 또 하나는 스타트업을 성공시키려면 필요불가결한 멘토나 졸업생 네트워크를 구축하는 것입니다. 롤 플레이 강의를 통해 배운 점이나 성공한 창업가들에게 직접 들은 체험담은 저에게 맞는 리더십이란 무엇인가를 이해하는 데 큰 도움이 되었습니다. 그리고 스탠퍼드의 졸업생은 지금도 온 힘을 다해 아무런 대가 없이 우리의 창업을 지원해주고 있습니다. 스탠퍼드에서는 많은 것을 얻었고, 앞으로도 그 투자가치를 더욱더 실감하게 되리라 생각합니다."

스탠퍼드 대학 비즈니스 스쿨 Stanford University Graduate School of Business
미국 캘리포니아주에 있는 스탠퍼드 대학의 경영대학원이다. 1925년에 설립되었고, 세계적으로 들어가기 어려운 비즈니스 스쿨 중 하나이다. 학생 수는 한 학년 약 400명이며 소인수제로 운영된다. 실리콘밸리의 중심에 위치하며, 스탠퍼드의 진취적 정신을 체현하고 있다. 이노베이션을 중시하며 위험을 무릅쓰고 도전하는 학풍으로 널리 알려져 있다. 학교의 사명은 "사람들의 생활을 변화시키고, 조직을 바꾸고, 세계를 바꾸는 인재를 육성하자"이다.

이시쿠라 다이키石倉大樹

1982년 후쿠오카현에서 태어났다. 2006년 규슈 대학 농학부를 졸업했고, 2005년 대학 재학 중에 의학부에서 신약개발 벤처기업을 창업할 때 참여했다. 일본과 미국 필라델피아에서 자금조달이나 경영기획 업무에 4년간 종사했다. 2008년 엠쓰리 주식회사에 입사하여 의료 분야의 신규 서비스 개발에 2년 반 동안 종사한 뒤 퇴사했다. 2011년, 스탠퍼드 대학 비즈니스 스쿨에 유학했다. 현재 주식회사 일본의료기기 개발기구 CFO 겸 경영기획실장이다.

제3장

펜실베이니아 대학
와튼 스쿨

와튼 스쿨식의 자기다운 리더십을 찾는 법

—

리더의 수만큼
리더십의
'스타일'이 있다

'팀워크와 리더십의 기초'
— 자신에게 맞는 롤 모델을 찾는다

펜실베이니아 대학 와튼 스쿨의 강의는 2011년 8월에 '팀워크와 리더십의 기초'Foundations of Teamwork and Leadership라는 4일간의 집중강의로 시작되었다. 아사하라 다이스케가 와튼 스쿨에서 처음으로 이수한 수업이었다.

강의를 맡은 스튜어트 프리드먼Stewart Friedman 특임교수는 와튼 스쿨을 대표하는 유명 인사다.

프리드먼 교수는 미국의 앨 고어 진 부대통령이나 제너럴 일렉트릭GE의 전 CEO 잭 웰치의 고문으로 활동했던 리더십 개발의 전문가로, 2011년에는 경영사상계의 아카데미상과 같은 Thinkers50의 '가장 영향력 있는 경영사상가 50인'에 들기도 했다.

또한 워크 앤드 라이프 밸런스Work & Life Balance를 중시하며 '일도 가족도 자신도 사회공헌도 어느 한쪽 희생시키지 말고 병행해나가자!'는 토털 리더십 프로그램의 제창자로도 유명하다. 『와튼 스쿨 인생특강』 등 많은 저서를 냈으며, '인생의 모든 영역에서 능력을 향상시키기 위해서는 어떻게 하면 좋은가'를 주제로 집필과 강연 활동을 정력적으로 벌이고 있다. 와튼 스쿨에서는 토털 리더십에 관한 선택과목 외에 입학 전 학생을 대상으로 리더십의 기초를 가르치고 있다.

아사하라가 수강한 '팀워크와 리더십의 기초'는 학생들이 강의와 시뮬레이션을 통해 자신의 리더십 스타일을 찾아가는 수입이다. 학생들은 강의가 시작되기 전에 웹사이트를 통해 성격 테스트를 받아 자신이 어떤 유형인지를 파악한다. 결과는 아래에 적어놓은 5가지로 분류되어 에고그램으로 표시된다. 강의시간에는 그 결과를 토대로 자기가 속한 유형의 특성이나 자기와 비슷한 유형의 저명한 리더를 살펴보면서 리더십 스타일을 객관적으로 파악해간다.

① 외향적인 유형Extraversion

② 성실한 유형Conscientiousness

③ 협조적인 유형Agreeableness

④ 감정적인 유형Emotional Reactivity

⑤ 호기심이 왕성한 유형Openness

아사하라는 이 5가지 특성 중에서 '호기심이 왕성한 유형'에 속했다. 이 유형의 강점과 약점은 다음과 같다.

강점
- 독창성이 뛰어나다.
- 흥미를 갖는 영역의 범위가 넓다.
- 견식이 넓다.

약점

- 관심 영역을 한정하기 어렵다.
- 자기통찰이 서투르다.

아사하라는 와튼 스쿨에 입학하기 전만 해도 '리더십은 비즈니스 스쿨에서는 배울 수 없다. 강의를 통해 이론을 배워도 몸에 배지는 않는다'고 생각했다. 그런데 와튼 스쿨의 첫 강의에서 자신의 기존 관념이 산산이 부서지는 체험을 했다.

"저는 제 나름으로 괜찮다고 여겼습니다. 유명한 글로벌 리더를 롤모델로 삼아 그 사람의 방식을 배우고 무리를 해서라도 자신을 바꾸어가는 것이 서구식 리더십이라고 생각하고 있었는데, 이 수업에서는 풍부한 통계 데이터를 토대로 '자기다운 리더십 스타일'은 찾으라고 하더군요."

아사하라와 비슷한 유형의 리더로 제시된 인물은 아웃도어웨어로 유명한 파타고니아의 창업자 이본 쉬나드였다. 전설적인 등산가이며 창업가인 쉬나드는 독특한 경영 스타일로 유명한데, 그는 '직원들이 즐겁게 일할 수 있는 기업을 만들자'를 모토로 내세우고 있다.

"저는 처음에 인사 관련 컨설팅 일을 하다가 다음에는 금융계에서 일을 했던 터라 아무래도 좀 일관성이 없어 보입니다. 그런데 이런 면이 저 같은 유형의 특징이라는 말을 듣고는 납득이 갔습니다. 축이 하나 관통해 있으면 된다고 하더군요. 특히 저는 스키가 취미라서 자연을 소중히 여기는 쉬나드의 거친 삶의 방식에 묘하게 마음이 끌렸습니다."

'있는 그대로의 자기 모습이 좋다'는 것은 통계 데이터에서도 나타났다.

5가지의 특성에 각각 속해 있는 리더의 리더십 능력을 수치로 쟀더니 ②의 성실한 유형의 리더가 조금 낮았을 뿐, 다른 유형은 차이가 없었다고 한다.

요컨대 5가지 유형 중 어디에 속하더라도 효과적인 리더십을 발휘할 수가 있는 것이다.

"달변인 사람만이 리더가 되는 것은 아닙니다. 와튼 스쿨의 리더십 교육은 '자신을 아는 것'에 중점을 두고 있으며, '자신의 자질에 맞는 리더십을 발휘하라'고 가르칩니다. 그런 발상에 깊은 감명을 받았고, 그것이 인생의 지침이 되었습니다."

이 수업을 계기로 자신답게 살고 자신의 가치관을 갈고닦자고 다짐했던 것이다.

와튼 강의 ②

'디지털 마케팅과 전자상거래'
― 과거의 성공 사례는 통하지 않는다

"이 강의를 듣기 전까지 저는 모바일이나 소셜 미디어 분야는 일과성 비즈니스라고 여겼습니다. 그 가치를 별로 믿지 않았던 것입니다. 그런 제가 강의를 듣고 나서는 '이 분야에서 사업을 해보고 싶다'는 생각이 들었습니다. 그만큼 큰 영향을 받은 강의입니다."

아사하라가 2012년 9월, 와튼 스쿨 샌프란시스코 캠퍼스에서 받은 '디지털 마케팅과 전자상거래'Digital Marketing and Electronic Commerce 강의는 그의 진로에 큰 영향을 주었다.

와튼 스쿨 샌프란시스코 캠퍼스는 서부의 거점으로서 2001년에 개교했다. 창업에 관심 있는 학생들을 대상으로 창업가 정신이나 벤처캐피털에 관한 강의 등 창업에 관한 전문교육을 실시하고 있다.

데이비드 벨 교수는 마케팅 중에서도 특히 전자상거래나 소비자 행동에 관한 전문가다. 거의 매년 Teaching Awards(최고의 교수상)를 수상하고 있으며, 학생들에게 인기가 높은 젊은 교수다.

강의는 온라인 사업에서 고객을 획득하는 법, 입소문 마케팅으로 고객층을 넓히는 법 등을 기업 사례나 토론을 통해 다루어나간다. 지나칠 정도로 새로운 내용을 다루기 때문에 교과서가 없다는 점이 특징이다. 디지털 마케팅의 세계에서는 변화 속도가 빨라서 과거의 사례는 그다지 참고가 되지 않기 때문이다.

벨 교수는 언제나 최신 정보를 소재로 토론을 진행했다.

한번은 베이비 용품을 온라인에서 판매하는 사업에 대해서 다룬 적이 있다.

벨 교수의 설정은 다음과 같은 것이었다.

학생들과 교수는 다음과 같은 대화를 주고받았습니다.

학생: "지역 A쪽이 매출이 빨리 증가합니다. 총인구에 대한 잠재고객의 비율이 50%로, 작은 동네의 100명을 대상으로 집중적으로 마케팅을 하는 편이 높은 입소문 효과를 기대할 수 있습니다.

교수: "분명히 지역 B보다 총인구에 대한 잠재고객 비율은 지역 A쪽이 높네요."

아사하라도 이 사례를 접했을 때 지역 A쪽이 효율적으로 마케팅을 할 수가 있어서 매출이 조기에 증가할 것이라고 판단했다.

그런데 지역 B라고 대답하는 의견이 나왔다.

학생: "저의 의견은 반대입니다. 지역 B쪽이 매출을 높일 수 있을

세계 최고의 MBA는
무엇을 가르치는가

것입니다. 왜냐하면 지역 A에서는 베이비 용품 구매자가 인구의 50%나 되는 만큼 어느 소매점에든 베이비 용품이 항상 진열되어 있고 제품의 종류도 다양할 것이기 때문입니다. 온라인 업자가 파고들기 힘들 것 같습니다."

교수: "아, 그렇군요. 지역 A에는 온라인 업자가 파고들기 어려울 것 같네요. 지역 B는 베이비 용품을 구매하는 사람의 비율이 5%밖에 안 되기 때문에 소매점에서 차지하는 매장 면적도 작고 종류도 적을 것입니다. 그래서 온라인에서 다양한 상품을 내세우면 지역 B쪽이 매출을 높일 수 있을 것입니다."

이 사례의 정답 중 하나로 소개된 것이 diapers.com의 고객 확장 방법이었다. 이 회사는 미국 최대의 베이비 용품 전문 온라인 판매회사로, 소매점에 제품이 제대로 갖추어져 있지 않은 지역에서 집중적으로 마케팅을 펼쳐 고객을 확보해왔다.

아사하라는 말한다.

"일반적인 소매점 사업으로 생각하면 이 사례는 지역 A가 답이지요. 하지만 온라인 사업에서는 지역 B가 답이 됩니다. 온라인 사업에는 종래의 틀이 들어맞지 않는다는 사실을 알았습니다."

이 강의에서 교수가 강조한 점은 실제 세계의 사업과 온라인 세계의 사업은 다르다는 사실과, 온라인 사업 중에서도 모바일 전자상거래 사업과 PC 전자상거래 사업은 다르다는 사실이다.

아사하라는 이 강의를 통해 모바일 세계에는 아직 성공이론이 확립되어 있지 않고, 누구든 감으로만 도전하고 있다는 사실도 알았다.

그렇다면 이쪽은 IT 사업의 전문가가 아니더라도 아이디어로 성공할 수 있는 분야인 것이다.

이 강의를 계기로 아사하라는 재학 중에 모바일 어플리케이션 개발회사를 친구들과 함께 세우기로 결정했다고 한다.

"저는 모바일이나 태블릿 관련 시장은 아직 확대될 수 있는 분야라고 판단하고 있습니다. PC 세계로 말하자면, 웹사이트의 인구가 막 형성된 상태라고 할 수 있겠지요. 아마 이 강의에서 배운 틀도 실은 통용되지 않을지도 모릅니다. 그렇기 때문에 제 자신의 머리로 판단하면서 도전해가고 싶습니다."

와튼 강의 ③

'스피치 라이팅'
― 영어 스피치로 호응을 얻는 기술

와튼 스쿨은 세계 정상의 비즈니스 스쿨 중에서도 특히 프리젠테이션이나 스피치 교육에 힘을 쏟고 있는 것으로 유명하다.

MBA 프로그램 학생은 1년차부터 필수과목 중 하나로 '스피치' 수업을 들을 수가 있다.

아사하라는 원래 스피치를 잘했다. 일본으로 연수여행을 갈 때나 강의시간에 특유의 만담 센스를 발휘해서, 동료들로부터 영어를 멋지게 구사한다는 평을 듣고 있었다.

그래서 2013년 1월, 펜실베이니아 대학 예술·과학대학원의 '스피치 라이팅' 강의를 선택과목으로 듣기로 했다. 스피치 능력을 한층 더 갈고닦기 위해서 말이다.

보통은 정치가를 지망하는 학생 등이 주로 이수하는 과목이지만, 와튼 스쿨의 학생도 이수할 수가 있다.

스피치는 아서 베네딕트 강사가 가르쳤다. 스피치 라이터이며 홍보 컨설턴트이기도 하다.

4개월에 걸친 강의는 '2분 안에 타인을 소개한다', '3분 안에 결혼식 스피치를 한다', '10분 안에 기조연설을 한다' 등으로 단계를 높여가며 상급자 스피치를 할 수 있게 구성되어 있다.

교수는 압운을 사용하는 법, 기워드를 되풀이하는 법, 병렬 구조 등 영어 스피치 원고를 작성하는 데 필요한 기본적인 기술을 실천적인 방법으로 가르쳐준다. '스피치 라이팅'이라는 수업이지만 실제로는 쓰고 말하는 기술까지 배운다.

"자네는 재능이 있네."

아사하라는 '자신의 장래에 대한 결의'를 주제로 스피치 원고를 써서 발표했는데, 베네딕트 교수에게 칭찬을 받았다.

스피치 원고를 쓸 때는 있는 그대로의 자신을 드러내기 위해 주의를 기울였다. 일반적인 방법으로는 정치가를 지망하는 미국인 학생과 경쟁해서 이길 수가 없기 때문이다.

"일본인이라는 점, 그리고 영어 발음이 원어민이 아니라는 점을 오히려 잘 살려보려고 했습니다. 아무래도 저에게 영어 스피치 재능이 있다고는 생각하지 않았는데, 일단 쓰기 시작하면 꼬리를 물고 소재가 떠올라 이 재능을 좀더 키워보자는 욕심이 들었죠."

또한 뉴욕에서 활약하는 일본인 코미디언이나 골드만삭스에 근무했을 때 들었던 일본인 대표의 스피치를 참고로 삼아 공부했다.

이들의 공통점은 일본인 특유의 악센트가 있는 영어를 역으로 이용하여 절묘하게 웃음을 유발하면서 마지막에는 빈틈없이 마무리를 한다는 점이었다.

아사하라는 매번 이 강의를 위해 '웃음을 유발할 수 있는' 소재를 모았다.

유럽과 미국에서는 청중의 입에서 웃음이 터져나와야만 일류 스피커로 인정받기 때문이다.

언제나 수면 부족 상태였던 투자은행 시절의 이야기, 일본의 대학생들이 공부를 하지 않는다는 이야기, 취미인 스키 이야기 등등, 아사하라는 청중보다 훨씬 더 자세히 알고 있으면서 재미있고 생동감 있게 말할 수 있는 소재를 선택했다.

2013년 3월 스피치 수업을 듣고 있을 당시, 우연히 와튼 스쿨의 졸업식 때 840명의 졸업생 대표로서 스피치를 할 학생을 뽑는 오디션이 있다는 사실을 알았다.

'이야기 소재도 적지 않게 모였으니, 그럼 한번 응모해볼까?'

가벼운 마음으로 오디션장에 갔다.

그 자리에는 40명 이상의 응모자가 모여 있었다. 뮤지컬 댄서, 코미디 동아리 회장, 창업가 등 쟁쟁한 얼굴들이 모여 있었는데, 대부분 영어 원어민들이었다.

어차피 밑져야 본전이다. 수없이 연습한 장기인 유머와 강한 메시지로 승부를 걸었다.

그랬더니 오디션장이 웃음의 도가니로 변했다.

어쩌면 내가 뽑힐 수도? ……라고도 생각했지만, 설마…… 하며 고개를 저었다.

그런데 며칠 뒤 기적 같은 일이 일어났다. 졸업생 대표의 5명 중 한 명으로 뽑힌 것이다.

오디션을 통해 졸업생 대표로 선출된 최초의 일본인 학생이 되었다.

"MBA 유학 때는 숨겨진 재능을 발견하기나 에기치 못한 먼지 일을 겪는다고 하는데, 당시가 그런 경우였죠. 우연히 스피치 강의를 신청해서, 거기서 교수에게 칭찬을 받고, 운 좋게 오디션에서도 합격을 했습니다. 세렌디피티(의도하지 않은 우연한 행운)를 실감했습니다."

2013년 5월 와튼 스쿨 졸업식장에는 '다이스케!' 하며 동료들이 큰 성원을 보내는 가운데 스피치를 하는 아사하라 다이스케의 모습이 보였다.

첫머리에서 청중의 관심을 끌기 위해 소개했던 에피소드가 훌륭했다.

제가 왜 와튼 스쿨에 흥미를 가졌을까요? 바로 여기서부터 이야기를 시작하고자 합니다.

2009년에 오랜 친구가 비즈니스 스쿨에 유학한다는 말을 듣고 귀가 솔깃했습니다. 왜냐하면 그는 그 무렵의 저처럼 무척 '국내적'이고 '소심한' 녀석이었기 때문입니다.

저는 그에게 바로 전화를 했습니다.

"합격 축하해! 그런데 어떻게 비즈니스 스쿨에 유학하려는 생각을 다 하게 됐어? 야, 정말 과감하게 결정을 내렸네!"

그러자 친구는 이렇게 대답했습니다.

"유학을 가게 된 계기는 상사의 한마디였어."

"그래, 어떤 말이었는데?"

"넌 잘렸어!"

그 자리에 있던 사람들은 배를 움켜쥐고 웃었다. 그런 다음에도 아사하라는 강약을 섞은 소재를 잇달아 선보이며 웃음과 눈물이 감도는 5분간의 스피치를 이렇게 끝맺었다.

"If the action changes, the reputation changes. The confidence changes if the reputation changes. The life changes if the confidence changes, This is my lesson at Wharton.

행동을 바꾸면 주위의 평가가 달라집니다. 주위의 평가가 달라지면 자신감이 생깁니다. 자신감이 생기면 인생이 바뀝니다. 이것이

제가 와튼 스쿨에서 배운 교훈입니다."

아사하라는 당시를 회상하며 말했다.

"저다운 스피치를 해서 만족스러웠습니다. 100% 저 자신의 말로 썼으며, 스무 번쯤 예행연습을 했습니다. 졸업생 대표로 뽑히자, 저를 대하는 동급생들의 눈이 바뀌었습니다. 스피치를 마치자, 사람들이 일제히 기립박수를 쳐주더군요. 그것은 평생 잊지 못할 추억이 되었고 큰 자신감으로 이어졌습니다. 와튼 스쿨은 지금까지 해본 적이 없는 분야에 도전하는 것의 중요성을 가르쳐주었습니다."

아사하라 다이스케의 진로

2013년 7월 아사하라는 도쿄에서 모바일 어플리케이션을 개발하는 벤처기업 HEROZ 주식회사에 CFO/경영기획실장으로 들어가서 이사로 선임되었다.

아사하라는 와튼 스쿨 재학 중에 모바일 어플리케이션 개발회사인 주식회사 WAPOP를 창업했지만 HEROZ 경영관리자의 길을 택했으며, WAPOP에는 창업자로서만 관계를 맺게 되었다.

진로를 정한 기준은 '자신답게 일할 수 있는 것'과 '큰 재량이 주어지는 것'이었다.

"졸업할 때는 선택을 할 수 있는 길이 여럿 있어서, 차분히 생각해본 끝에 결국에는 '정열'과 '세렌디피티'로 결정했습니다."

여기서 말하는 세렌디피티는 모바일에 관심을 갖고 있고 장기가 취미인 아사하라에게 날아온 우연한 기회를 의미한다.

"HEROZ 주식회사는 모바일 어플리케이션과 인공지능 분야에서 세계 최고의 기술을 갖고 있어, 그것을 축으로 승부를 보려고 합니다. 집행임원으로서 제가 매일 염두에 두는 것은 '어떻게 하면 직원들이 일하기 쉬운 환경을 만들 수 있을까' 하는 점입니다. 와튼 스쿨에 유학할 때 많은 사람들에게 도움을 받았습니다. 그때 배웠던 것을 이제는 회사 사람들이나 사회에 돌려주고 싶습니다. 저를 위해서가 아니라 다른 사람을 위해 일한다는 감각을 자연스럽게 갖게 된 것도 와튼 스쿨에서의 경험 덕분이라고 생각합니다."

펜실베이니아 대학 와튼 스쿨 The Wharton School of the University of Pennsylvania
미국 필라델피아에 있는 펜실베이니아 대학의 경영대학원으로, 1881년에 창립되었다. 세계에서 제일 오래된 비즈니스 스쿨이며, 이론과 실천을 함께 중시하는 종합적인 커리큘럼으로 명성이 높다. 와튼 스쿨 교수진의 논문은 학술지나 미디어에 가장 많이 게재된다. 2013년 현재 전세계적으로 9만 2,000명, 일본에서는 1,000명이 넘는 졸업생 네트워크가 있다. 모토는 "Knowledge for Action=행동하기 위한 지식을 제공하는 것"이다.

아사하라 다이스케浅原大輔
1979년 고베시에서 태어났다. 2002년 교토 대학을 졸업하고, 2004년 동대학원 정보학연구과를 수료했다. 2006년부터 골드만삭스 증권주식회사 투자은행 부문 자본시장 본부에서 5년간 근무했다. 이 회사를 퇴사한 뒤 2013년에 펜실베이니아 대학 와튼 스쿨에 입학했다. 2013년 MBA를 취득했으며, 그해에 HEROZ 주식회사에 집행임원 CFO/경영기획실장으로 들어갔다.

제4장

노스웨스턴 대학
켈로그 스쿨 오브
매니지먼트

변명하지 않는 인생을 시작해보지 않겠어요?

켈로그 스쿨에서
기존 관념을
깨는 법을 배우다

'이노베이션과 사내기업'
― '변명'을 하지 않기 위한 훈련

'나이가 벌써 서른이라서 새로운 일을 시작하기에는 너무 늦었다.'

'실패하면 창피해서 도전할 수가 없다.'

이런 식으로 행동에 나서지 않는 변명을 누구라도 한 적이 있지 않을까.

이노우에 가나코가 2012년 4월에 들었던 노스웨스턴 대학 켈로그 스쿨의 강의는 이와 같은 사시 내면의 벽을 깨뜨려주었다.

'이노베이션과 사내기업'Corporate Innovation and New Ventures은 기존의 대기업에서 어떻게 이노베이션을 일으키는가, 그리고 변화에 저항감을 갖는 대기업에서 어떻게 생각을 바꿔갈 것인가를 배우는 수업이다.

이 수업은 사례, 강의, 그룹 프로젝트를 중심으로 진행된다.

강의를 맡은 로버트 월코트Robert C. Wolcott 상급강사는 켈로그 이노베이션 네트워크KIN의 공동설립자다. 글로벌 기업, 정부, NPO 등과 협력하여 거대한 조직 속에서 기술혁신이나 경영혁신을 일으키는 방법을 연구하고 있다. 2013년에 개최된 KIN 글로벌 서미트에는 협력기업으로서 GE, BP(브리티시 페트롤륨), 시스코, AT&T 등이 참가했다.

일본 게이오 대학 비즈니스 스쿨에서 교편을 잡은 적도 있고, 일본의 대기업에 대해서도 훤히 꿰고 있다.

올코트 교수는 저서는 물론 강의에서도 이노베이션을 일으키려면 이노베이션을 받쳐줄 툴이나 기법을 개개의 조직에서 확립시켜나가야 한다는 점을 강조한다.

또한 "적극적으로 변화를 꾀할 생각이 없는 경영자가 있는 회사에서 일하느니, 다른 회사로 이직할 생각을 하는 편이 낫다"(『사내기업 성장전략』, 마이클 J. 리피츠와 공저)고 주장하기도 했는데, 사내기업을 일으키기 위해서는 반드시 사내에서 후원자를 찾아내고 리더십을 발휘해나가야 한다는 것이 그의 지론이다.

그래서 강의에서는 새로운 발상을 내놓기 위해 한 사람 한 사람이 할 수 있는 일이 무엇인가 등으로 견실한 리더십을 강조하고 있다.

예컨대, 첫 강의에서 월코트 교수는 '변명하지 않는 법'을 소개했다.

이 수업에서는 대기업에서 흔히 볼 수 있는 'No/but'(못합니다/왜냐하면 이런 사정이……) 사고방식을 'Yes/and'(할 수 있습니다/그러기 위해서는 이런 것이 필요합니다) 사고방식으로 바꾸어가는 훈련을 시킨다. 그리고 사내 이노베이션을 일으키는 과정에서 무엇보다도 필요한 것은 변명을 하지 않고, 다른 의견을 묵살하지 않는 자세, 즉 'Yes/and'의 자세라고 강조한다.

이노우에도 'Yes/and'만을 사용하는 연습에 참가했는데, 'No'를 입에 올리지 않고 자기 의견을 말하기가 의외로 어렵다는 사실을 깨달았다.

"자신과 다른 의견을 지닌 사람에게도 'Yes/and' 방식으로 토론을 해나가면 새로운 발상이 떠오른다는 사실을 알 수 있습니다. 교수님은 일상생활에서도 'Yes/and'를 의식적으로 사용하다보면 긍정적인 사고를 갖게 된다고 말씀하셨지요."

다른 강의에서는 '발상을 전환하는 법'을 연습했다.

'아이디에이션'(새로운 아이디어를 내놓는 과정)을 전문으로 하는 컨설턴트가 직접 강단에 서서 다양한 연습을 진행했다.

연습
항공업계에서 성공한 사례를 레스토랑 체인에 적용해보면 어떻게 될끼?
스티브 잡스였다면 이 비즈니스를 어떻게 할까?
스타벅스라는 말을 들으면 어떤 형용사가 떠오르는가? 적어놓은 형용사 중에서 하나를 지워보자. 어떤 새로운 비즈니스가 떠오르는가?

월코트 교수는 브레인스토밍을 방향성이 없이 하면 새로운 생각이 나오기 어렵다고 한다. 그래서 구체적으로 가정해놓고 토론을 하게 한다. 다른 업계나 경쟁기업, 성공한 리더라면 어떻게 했을까? 이와 같은 가정을 바탕으로 회사를 벗어나서 새로운 발상을 얻기 위해 토론하는 것이 중요하다.

"평소에 상대방의 입장이 되어서 생각해보려고 주의를 기울여왔는데, 이 사람이라면, 이 업계라면 하는 식으로 머리를 짜내는 연습은 처음 해봤습니다."

이처럼 각자가 이노베이션을 일으키기 위한 연습을 하고 나서, 강의 후반에는 기존 기업을 소재삼아 '만약 이 기업에서 사내기업을 한다면 어떤 회사를 만들겠는가?'를 주제로 프리젠테이션을 작성했다.

팀별로 기업과 사업내용을 정하고 고객조사, 데이터 분석, 관계자 인터뷰 등을 하면서 사업계획을 세운다.

이노우에의 팀은 '태국의 대규모 상사의 안경부문에서 패션안경 사업을 벌인다'는 계획을 세웠다.

팀원끼리 토론을 할 때는 당연히 'No/but'을 금지하고 스티브 잡스의 관점에 서서 아이디에이션을 진행했다.

월코트 교수가 개인 창업이 유행하는 가운데 굳이 대기업 안에서 혁신을 일으키려는 노력의 중요성을 설명하는 까닭은, 켈로그 스쿨의 학생들 대부분이 졸업한 뒤 일반기업이나 금융기관, 정부기관 등에 취직하여 규모가 큰 조직에서 리더십을 발휘해야 하기 때문이다.

이노우에는 교수 자신이 창업가인데도 굳이 대기업 안에서 사내기업을 설립하는 일에 주력하는 모습이 무척 현실적이고 신선하게 느껴졌다고 한다.

"월코트 교수는 '현재 개인 창업이 유행하고 있지만, 그것이 정말 자신에게 맞는 일인지 심사숙고해야 합니다. 여러분에게는 조직 속에서 이노베이션을 일으키고 사회를 바꾸어갈 힘도 있기 때문에……'라고 말씀하셨지요. 대기업 안에서 기존 관념을 타파하는 것은 우리 자

세계 최고의 MBA는
무엇을 가르치는가

신의 기존 관념을 타파하는 방법이기도 합니다."

교수는 마지막 강의에서 이런 말로 끝을 맺었다.

"비즈니스 스쿨의 학생은 성공 체험을 쌓아온 만큼, 사실 기존 관념이나 상식에 얽매여 있는 경우가 많습니다. 실제로 감옥을 만들고 있는 건 자기 자신입니다. 거기에서 빠져나와야 합니다. 무슨 일을 시작하든 너무 늦은 경우란 없습니다. 자신의 정열이 이끄는 대로 살아가세요."

이노우에는 이 강의를 계기로 자신에게 또는 자기 인생에 대해 '변명'을 하는 것을 그만두었다. '자신에게 변명은 하지 않는다'고 결심을 하기는 쉽지만, 여간해선 실천하기가 어렵다.

하지만 이노우에는 강한 어조로 딱 잘라 말했다.

"훈련을 하면 그것이 가능하다는 사실을 켈로그 스쿨에서 배웠습니다."

'경영자의 리더십'
— '셀프 리플렉션'으로 인생을 바꾼다

"리더십이란 사람을 컨트롤하는 것이 아니다. 사람에게 한층 더 좋은 영향을 주는 것이다."

"자기를 이해하고 진정한 자신감True Self-Confidence을 갖는 일이 곧 성공하는 리더로 가는 첫걸음이다."

"자기 인생에서 리더십을 갖추지 못하고서는 타인에게 리더십을 발휘할 수 없다."

이런 명언들이 세 시간에 걸쳐 연달아 나오는 강의가 있다. 바로 해리 크레머Harry M. Kraemer 특임교수가 담당하는 '경영자의 리더십' Managerial Leadership 강의다.

해리 크레머 교수는 글로벌 헬스케어기업인 미국 백스터인터내셔널의 CEO였다. 1982년 이래로 백스터에서 다양한 직책을 맡다가 1999년에 CEO로 취임했다.

2001년, 크레머 교수는 최대의 위기를 맞게 된다. 스페인, 크로아티아, 미국에서 미국 백스터 제품인 혈액투석기Dialyzer를 사용해 혈액투석을 했던 환자들 중 여러 명이 사망하는 사고가 발생했던 것이다.

사고 발생 당시 혈액투석기가 직접적인 원인이었는지는 불분명했지만, 교수는 즉시 CEO로서 제품 리콜을 결정하고, 기자회견을 열어 피해자들에게 보상금 지불을 결정하는 등 직접 진두지휘를 했다.

그 결과 회사는 거액의 손실을 입게 되었지만, 그래도 피해자나 유족들을 진심으로 대함으로써 이 일로 크레머 교수는 오히려 CEO로서 높이 평가받기에 이르렀다.

켈로그 스쿨의 졸업생이기도 한 크레머 교수는 CEO를 그만둔 뒤 사모펀드Private Equity Fund 회사의 파트너로 근무하면서 모교에서 리더십을 가르치고 있다. 에너지가 넘쳐흐르고 긍정적인 파워로 충만한 강의는 켈로그 스쿨의 명품 강의가 되었다.

크레머 교수는 'Values-Based Leadership'(가치관에 근거한 리더십)이라는 독자적인 리더십론을 제시하는데, 풍부한 경험을 바탕으로 리더에게는 네 가지 힘이 필요하다고 말한다.

(http://fromvaluestoaction.com에서 인용)

① 셀프 리플렉션(자신의 우선순위를 이해하고 자기성찰을 하는 힘)
② 밸런스(사물을 다각적으로 보는 힘)
③ 자기 본래의 자신감(자기 자신을 있는 그대로 받아들이고 나날이 개선해가는 힘)
④ 진정한 겸손함(타인을 존중하는 힘)

이노우에는 '셀프 리플렉션'과 '자기 본래의 자신감'에 대해서 크레머 교수가 말한 내용이 뇌리에 깊이 남았다. 기본적으로 교수가 진행하는 수업이지만, 학생들은 도중에 언제든 거리낌없이 질문을 해도 된다.

가령 한 남학생은 이런 고민을 털어놓았다.

"조직 내에서 껄끄러운 사람과 함께 일해야 하는 스트레스를 어떻게 해소하면 좋을까요?"

그러자 교수는 다음과 같이 말했다.

"그런 일로 고민하는 것은 산소의 낭비입니다. 스트레스를 느낀다는 것은 '자기 본래의 자신감'이 확립되어 있지 않다는 것을 의미하죠. 인간이란 막연한 불안이나 화를 지니고 있는 동물입니다. '자기 본래의 자신감'을 가진 채 무엇에 대해 스트레스를 느끼고 있는지 원인을 찾아내고 스스로 하루하루 관계를 개선해나가는 수밖에 없습니다."

크레머 교수가 인생을 바꾸는 행동으로서 학생들에게 권하는 것은 다음 세 가지다.

① 하루 20분, 셀프 리플렉션의 시간을 갖고 자기 가치관의 우선순위를 매긴다.
② 어제에 비해서 오늘은 무엇을 개선할 수 있는가를 매일 생각한다.
③ 일주일에 한 번, 자신이 시간을 어떻게 사용하고 있는지 돌이켜본다. 일주일 168시간을 6개 영역으로 나누어서 유용하게 쓰고 있는가를 분석한다.

이노우에는 말한다.

"자신에게 소중한 것에 우선순위를 매겨서 1위부터 10위까지 적습니다. 예컨대 1 가족, 2 일, 3 종교활동과 같이, 자신의 자원(시간이나 돈)을 분배하기 위한 우선순위를 적는 것이죠. 오늘 5번째는 이것이고 7번째는 이것이다 식으로 10위까지 순위를 완벽하게 확인해둬야 합니다. 교수는 이 목록을 30년간 매일 갱신했다고 합니다."

1부터 10까지의 항목은 골프, 아이들 교육 등 구체적인 것이라도 상관없다고 한다.

크레머 교수는 하루 한 번 셀프 리플렉션을 하는 습관이 몸에 배면 스스로 자기 인생을 능동적으로 이끌어갈 수 있다고 생각한다. 가령 교수는 이 목록을 만들기 시작한 뒤로 얼마 지나지 않아서 TV 보는 시간이 낭비라고 느껴져 더는 보지 않게 되었다고 한다.

그리고 이 셀프 리플렉션 시간에 '②어제에 비해서 오늘은 뭔가 하나를 바꿀 수 있다면 무엇을 바꿀 것인가'를 매일 생각한다.

"인간은 매일 진보할 수 있도록 노력해야 한다는 것이 그 교수의 지론입니다. 하루하루의 변화도 20년간 지속되면 큰 변화가 되는데, 그것이 '자기 본래의 자신감'으로 이어진다고 합니다."

일주일에 한 번 시간분석을 할 때는 일주일 168시간이 6개 영역(일, 가족, 자기성찰, 건강/수면, 취미/독서, 사회활동) 중 어디에 사용되는지를 분석하고, 이상적인 시간 배분과 얼마나 동떨어져 있는지를 파악한다.

해리 크레머 교수의 강의를 듣고 나서 이노우에한테도 변화가 생겼다.

"매일 하기는 어렵지만, 일주일에 한 번은 반드시 20분간 셀프 리플렉션의 시간을 가지려고 합니다. 셀프 리플렉션을 시작한 뒤에야 비로소 우선순위가 낮은 일에 제법 많은 시간을 들이고 있었다는 사실을 깨달았습니다. 교수의 강의는 하루하루의 축적이 인생에 한층 좋은 변화를 가져온다는 걸 깨우쳐주었습니다."

이노우에 가나코의 진로

2013년 11월부터 이노우에는 세계적인 경영컨설팅 회사의 도쿄 사무실에서 컨설턴트로 일할 예정이다.

일본 기업의 글로벌화나 M&A 프로젝트를 적극적으로 다루고 싶다고 한다.

해외경험이 풍부한 이노우에는 켈로그 스쿨에서의 유학생활을 통해 일본인으로서의 정체성을 좀더 강하게 인식하게 되었다.

'일본에 유익한 사람이 되고 싶고, 일본 회사가 세계에서 경쟁할 수 있는 힘을 가질 수 있도록 도울 수 있는 일이 무엇일까'를 고민한 끝에 경영컨설팅이라는 일을 택했다.

그리고 장래에는 신흥경제국, 특히 켈로그 스쿨에서 현지실습을 나간 라틴 아메리카에서 일을 해보고 싶어한다.

켈로그 스쿨에서 얻은 것은 헤아릴 수 없이 많지만, 월코트 교수와 크레머 교수의 강의에서 얻은 것은 인생을 적극적으로 살아가는 데 중요한 지침이 되었다.

셀프 리플렉션은 졸업한 뒤에도 계속 해나갈 생각이라고 한다.

노스웨스턴 대학 켈로그 스쿨 오브 매니지먼트 The Kellogg School of Management at Northwestern University

미국 일리노이주 시카고 교외에 있는 노스웨스턴 대학의 경영대학원으로, 1908년에 설립되었다. 협조를 중시하는 교육, 수많은 수상 이력이 있는 교수진, 현실의 비즈니스를 중시하는 커리큘럼, 국제적이며 실천적인 프로그램 등으로 명성이 높다. 졸업생에 대한 지원을 아끼지 않으며 동문 간의 유대가 돈독하고, 전세계에 퍼져 있는 졸업생 네트워크로 유명하다. 사명은 "지속 가능한 가치를 창조하기 위해 강한 조직을 만들고, 시장의 힘을 지혜롭게 활용하는 용감한 리더를 육성하자"이다.

이노우에 가나코井上加奈子

1982년 오사카에서 태어났다. 2005년 게이오 대학 법학부 법률학과를 졸업한 뒤, 법률사무소에서 기업 담당 변호사 보조원으로 근무했다. 2007년 GCA 사비안 주식회사에 입사했으며, 크로스보더 M&A 자문 업무에 종사했다. 그뒤 기계제조회사의 국제전략담당을 거쳐 2011년 노스웨스턴 대학 켈로그 스쿨 오브 매니지먼트에 유학했다. 2013년에 MBA를 취득하고 같은 해 11월 경영컨설팅 회사에 입사했다.

제5장

컬럼비아
비즈니스 스쿨

모든 것은 경영능력에 달려 있다

|

성숙산업에서
승자가 되는
전술

'디지털 마케팅 전략과 전술'
― 마케팅의 공식은 현장에서 배워라

미국에서 IT 산업의 성지로는 서부의 '실리콘밸리'가 유명하지만, 동부의 뉴욕에도 '실리콘앨리'라고 불리는 지역이 있다.

실리콘앨리는 맨해튼 섬의 남부 유니언스퀘어, 소호, 트라이베카 지역 일대를 가리킨다. 뉴욕 IT 벤처의 중심지다. 실리콘은 컴퓨터 반도체칩의 재료이고 IT 산업을 상징하는 말이며, 앨리는 골목길이라는 뜻이다(이 지역은 맨해튼에서도 드물게 골목길이 많다).

실리콘밸리를 모방해서 실리콘앨리라는 이름을 붙였다고 한다.

미국의 서부가 구글이나 애플과 같은 정보·통신·하이테크 계열의 IT 기업 중심지라면, 실리콘앨리는 더블클릭, 길트 그룹, 텀블러, 포스퀘어, 그룹미 등 엔드유저를 위한 IT 기업의 성지라고 할 수 있다. 출판, 광고, 미디어, 패션과 같은 콘텐츠 지향형 IT 기업이 모여 있다. 실리콘앨리는 지금은 보스턴을 앞지르며 실리콘밸리에 이어 전미 제2위의 벤처캐피털 투자처가 되었다.

컬럼비아 비즈니스 스쿨에 유학 중인 가와모토 아키히코와 실리콘앨리를 연결해준 사람은 제러미 케이건Jeremy Kagan 겸임부교수다.

케이건 교수는 프라이싱 엔진Pricing Engine 사의 창업자 겸 CEO다. 물론 회사는 실리콘앨리에 있다. IBM 비즈니스 컨설팅 서비스, 소니

뮤직 엔터테인먼트의 디지털 부문 등을 거쳐, 뉴욕에서 디지털 마케팅 회사를 세웠다. 컬럼비아 비즈니스 스쿨의 졸업생이기도 하다.

'뉴욕에서 최첨단 디지털 마케팅을 배우고 싶다'고 생각한 가와모토 아키히코는 제러미 케이건 교수의 경력에 주목했고, 2011년 입학한 직후부터 의견을 주고받곤 했다.

케이건 교수는 컬럼비아 비즈니스 스쿨에서 '디지털 마케팅 전략과 전술'Digital Marketing: Strategy and Tactics이란 강의를 맡고 있다. 이 강의에 교과서는 없으며, 실제로 디지털 마케팅 회사를 경영하는 교수가 최첨단 토픽이나 사업 모델을 가르친다. 가와모토는 2012년 가을 학기에 이 강의를 들었다.

케이건 교수는 디지털 마케팅의 광고채널을 크게 나누면 ①검색, ②디스플레이(배너 광고 등), ③이메일, ④소셜(SNS, 블로그 등), ⑤모바일 게임 등 다섯 가지라고 한다.

그렇다면 각 채널에서는 어떤 데이터를 축적할 수 있고, 그것을 어떻게 해석하며, 어떤 광고를 하면 효과적일까?

강의에서는 구글 애널리틱스(구글이 무료로 제공하는 웹페이지 액세스 해석 툴)의 사용법이나 Hubspot's Marketing Grader(웹사이트나 블로그의 SEO 대책 진단 툴)의 사용법 등 당장 활용할 수 있는 툴을 가르쳐주었다.

SEO(검색엔진 최적화)란 Search Engine Optimization의 약어로, 유저가 검색을 했을 때 자사 사이트가 검색 결과에서 상위에 표시되도록 하는 방법이다. SEO는 디지털 마케팅의 기본이다. 미국 허브스

폿은 SEO을 효과적으로 실행해주는 Hubspot's Marketing Grader를 비롯해서, 블로그나 소셜 미디어 등을 이용한 인바운드 마케팅의 효과를 진단하는 툴을 다수 제공하고 있다.

이와 같이 수업은 최첨단 디지털 마케팅의 기술과 지식을 실천적으로 습득하는 것이 목적이며, 당장이라도 뉴욕의 실리콘앨리에서 활용할 수 있는 내용을 다루고 있다.

대략 3개월에 걸친 강의의 후반에는 실제 기업을 고객으로 삼아 디지털 마케팅 전략에 관해서 컨설팅을 한다.

가와모토 팀의 고객은 더 뮤즈The Muse라는, 뉴욕을 거점으로 취업 알선 사이트를 운영하는 회사다(http://www.themuse.com). 여성이 주요 목표고객이며, 창업자 3명은 전부 매킨지 앤드 컴퍼니 출신의 여성이다.

과제

더 뮤즈는 2011년에 창업한 신생 회사다. 유저 수를 늘리기 위해 인상적인 웹사이트로 개선하고 싶다고 한다. 어떤 전략을 취하면 좋을까?

팀 멤버는 5명이다. 전략적인 부분은 컨설팅회사 출신들이 중심이 되고, 전문적인 마케팅 부분은 가와모토가 중심이 되어서 기본적인 전략을 짜게 되었다. 우선 관계자 인터뷰를 시도했다. 경영진, 마케팅 부장, 기술자를 찾아가서 '무엇을 위해, 어떤 웹사이트를 만들고 싶은가'에 대해서 의견을 계속 주고받았다.

그 결과 '20대부터 30대 전반의 커리어우먼을 지향하는 여성에게 인기가 있는 사이트라는 점을 내세우고 싶다'는 점을 알게 되었다. 회사는 추가융자를 필요로 하고 있으며, 유저 수를 늘리는 것이 급선무였다. 이미 동영상을 대거 사용함으로써 다른 사이트와의 차별화도 이루어져 있었지만, 그래도 유저 수가 적었다.

가와모토의 팀은 두 가지를 제안했다.

첫째는 사이트의 디자인을 개선하는 것이다. 소셜 미디어와의 연계성이나 블로그의 갱신 빈도 등을 꼼꼼하게 지적하면서, 유저가 한결 자연스럽게 사이트를 방문하도록 하려면 어떻게 하면 좋을지 진단 툴의 결과를 보여주면서 대안을 제시했다.

둘째는 디지털 프로모션의 방법이다. 한정된 예산에 입각해서 좋은 비용효율로 목표고객에게 효과적으로 다가갈 수 있는 방법을 제안했다. 서치엔진 광고, 이메일 광고나 소셜 미디어 등 그때까지 대응하지 않았던 분야에 대해 지적하고 향후 실행계획을 세웠다.

가와모토는 "70페이지에 이르는 프리젠테이션은 고객이 원하던 것 이상이었던가 봅니다. 아무튼 실행계획을 추진할 수 있는 계기가 되었다고 느끼고 있습니다"라고 말했다.

"프로젝트팀 안에는 이 과목을 이수하기 전에는 디지털 마케팅에 관한 지식이 별로 없던 사람도 있었지만, 컨설턴트나 펀드매니저, 마케팅 전문가 등 다양한 업종의 사람들이 모여 팀을 만들면서 오히려 다각적인 관점에서 프로젝트를 진행할 수 있었습니다."

가와모토의 제안도 도움이 되고 해서, 이 회사는 2013년에 추가로 120만 달러의 융자를 받는 데 성공했다.

"그뒤 회원 수가 착실하게 증가해서 추가융자를 받는 데 성공했다는 말을 들었습니다. 고객의 성장을 직접 보게 되면 사업을 도와준 보람을 느낍니다."

컬럼비아 강의 ②

'통합 마케팅 전략'
— 제트블루 항공이 서내 딩룽시에 이기는 이유

가와모토가 2013년 1월부터 듣기 시작한 '통합 마케팅 전략'Integrated Marketing Strategy 과목은 마케팅 수업이면서 미시경제학이나 전략론 등도 소개하며 '경영이란 무엇인가', '경쟁우위전략이란 무엇인가'에 대해 깊이 토론하는 수업이었다.

컬럼비아 비즈니스 스쿨의 명물 교수 렌 셔먼Len Sherman 겸임교수가 담당이었다. 그는 30년 넘게 부즈앨런&해밀턴, J. D. 파워&어소시에이츠, 액센츄어에서 경영컨설턴트로 활약한 뒤 컬럼비아 비즈니스 스쿨 교수로 부임했다.

가와모토는 "셔먼 교수는 모든 정열을 다 쏟으며 가르쳐주었습니다. 컬럼비아 대학에서 가장 감동을 주는 강의라고 해도 과언이 아닙니다"라고 말했다.

'학생 한 사람 한 사람과 친밀한 관계를 맺으면서 함께 배워나가고 싶다'는 이 교수의 생각에 따라 정원은 40명이며 경쟁률이 높고 인기가 높은 수업이다.

강의는 사례 토론과 초청강사의 강연을 중심으로 이루어지는데, 특히 교수의 열변과 함께 강의 후 학생들에게 보내주는 정성스러운 이메일로 평판이 높다.

가와모토는 저가항공사 제트블루의 경쟁 우위성에 관해 토론한 수업이 특히 인상적이었다.

1978년에 시행된 항공자유화에 의해 미국의 항공업계는 경쟁이 치열해졌다.

유나이티드 항공이나 아메리칸 항공 등 유수 항공회사가 잇달아 파산하면서 연방파산법 11조를 신청하게 되었다.

그런데 그런 항공사들이 경영재건을 꾀한 끝에 성공을 거둔 경우도 있다. 하나는 사우스웨스트 항공이고 또 하나는 제트블루 항공이다.

그중에서도 제트블루 항공은 저가항공사^{LCC}로서 1999년에 항공업계에 진입했다. 피를 말리는 경쟁이 벌어지는 업계에 후발주자로서 진입한 것이다.

셔먼 교수는 2000년대 후반에 저가항공 쪽에 고객을 빼앗기던 델타 항공 경영관리자의 관점에서 제트블루의 성공을 어떻게 볼 것인지 학생들에게 의견을 물었다. 델타 항공은 파산은 간신히 면했지만,

2001년도에는 미국 동시다발 테러의 영향과 저가항공의 대두로 16억 달러의 영업손실을 보았다.

토론 주제
델타 항공은 제트블루 항공의 성공을 모델 삼아 저가항공 사업에 뛰어들어야 하는가?

강의시간에는 유수 항공사들의 고비용 체질이 논쟁의 초점이 되었다.

"원래 고정비가 많이 드는 사업인데, 규제완화로 가격경쟁이 일어나면 뭘 하더라도 이익을 낼 수 없는 게 아닐까요?"

"델타 항공도 저가항공 사업에 진입하는 건 찬성이지만, 자사 내에서 경영을 하면 기존의 사업과 서로 고객을 뺏고 뺏기는 결과를 가져오기 때문에 바람직하지 않습니다. 별도의 회사를 만들든지 아니면 기존 저가항공사를 매수하면 되지 않을까요?"

열띤 토론이 이어지는 가운데 가와모토는 이렇게 발언했다.

"항공업계는 합종연횡이 빈번하게 이루어지는 업계입니다. 규모가 큰 항공사가 합병으로 경쟁력을 강화시키는 것은 어쩌면 자연스런 흐름이겠죠. 하지만 그런 항공사는 높은 가격대를 유지하면서 서비스로 차별화하고, 저가항공사는 낮은 가격대를 유지하면서 가격과 노선으로 차별화하고 있습니다. 델타 항공이 굳이 저가항공 사업을 밀어붙이지 않더라도 항공업계는 크게 이분회되기 때문에 기존 사업을 강화하는 데 집중해야 합니다."

사례 토론 뒤 초청강사로 등장한 사람은 제트블루 항공의 CFO 마크 파워즈였다.

마크 파워즈는 줄곧 항공업계에만 종사해왔다. 노스웨스트 항공, 콘티넨털 항공 등에서 재무 부문의 요직을 맡아왔다. 제트블루 항공에서는 철저한 현금주의와 비용삭감주의로 이익을 내는 데 공헌하고 있다. 파워즈는 강연에서 왜 항공업계를 떠나지 않는지 이야기하며 업계에 대한 정열을 드러냈다.

"진정한 비즈니스 마인드를 가진 사람은 항공업계에는 들어오지 않을 겁니다. 저는 미쳤기 때문에 이 업계에 남아 있는 것입니다. 원래 비행기를 좋아해서, 로스쿨을 졸업한 뒤로 줄곧 이 업계에 몸담아왔지요. 항공업계는 저의 인생 자체이며, 항공업계의 발전은 제 삶의 보람이기도 합니다."

셔먼 교수는 강의를 이렇게 끝맺었다.

"아무리 어려운 업계라도 우수한 경영관리 능력을 갖고 있으면 다시 살아날 수 있고 성공할 수 있습니다. '이 업계는 경기가 나쁘니 그만두자'는 식으로 단순하게 생각해서는 안 됩니다. 어느 업계든 성공한 기업이 있고 실패한 기업이 있습니다. 이를 뭉뚱그려 생각해서는 안 됩니다. 사양산업이라도 일단 뛰어들어보면 제트블루 항공처럼 재미있는 도전을 할 수가 있습니다."

가와모토는 일본의 광고업계 전체에 '성숙산업이라서 어쩔 수 없다……'는 공기가 팽배했던 사실을 떠올렸다. 그리고 자신에게도 그렇게 둘러댔다는 걸 깨달았다.

"'어떤 업계든 성공하는 기업이 있다. 그런 기업으로부터 경영능력을 배워라'는 말을 몇 번이고 강조해주던 모습이 잊히지 않습니다. 마지막 학기 때 들은 수업이었는데, 컬럼비아 비즈니스 스쿨에서 배운 것을 집대성한 듯했습니다. 적극적인 발언으로 토론을 하고 싶게 만들고, 열심히 이메일로 피드백을 보내줌으로써 더욱더 학습의욕을 자극시키는 강의였습니다."

2013년 5월 마지막 강의를 마친 뒤 셔먼 교수가 보내준 이메일에는 이렇게 적혀 있었다.

"아키히코가 시넌 에너지와 성일이 토른 시간을 크게 빛내주었습니다. 광고업계에서 마음껏 모험을 해보세요. 컬럼비아 비즈니스 스쿨에 투자한 시간과 논이 성공의 양식이 되기를……."

가와모토 아키히코의 진로

2013년 7월, 가와모토는 제러미 케이건 교수가 경영하는 프라이싱 엔진 사에 들어가 인턴으로 일하고 있다. 컬럼비아 비즈니스 스쿨을 5월에 졸업한 뒤 하쿠호도로 돌아가기 전까지 2개월간 케이건 교수의 밑에서 디지털 마케팅을 배우기로 한 것이다.

하쿠호도의 영업부에서 활약해온 가와모토는 프로젝트 매니지먼트의 진수는 느꼈지만 스스로 서비스·상품의 가치를 창출해내지 못하는 점에 안타까움을 느꼈다고 한다. '언젠가는 이직을 하는 편이 낫지 않을까'라고 고민한 적도 있었다. 하지만 게이긴 교수와 만남으로써 자신의 역할이 명확해졌다고 한다.

"뉴욕에서는 광고 관련 기업이나 서비스가 잇달아 등장하고 있고, 고객 데이터 등을 고객에게 보내는 피드백으로 활용하는가 하면, 광고 모델의 공식을 바꾸는 시도가 진행되고 있습니다. 이 분야가 '장차 어떤 식으로 저의 무기가 될 것인지', '어떻게 하면 좀더 사회에 유익한 일이 될 것인지'를 하쿠호도로 돌아가기 전에 더 파고들고 싶습니다."

가와모토는 이어서 말했다.

"뉴욕에서 최첨단 기법이 나오면 일본도 몇 년 뒤 이 새로운 흐름을 타게 됩니다. 디지털 마케팅 지식과 경험이 저에게 강점이 되리라는 것은 분명합니다. 귀국한 뒤에는 일본의 광고업계를 변혁하려는 포부를 갖고 뉴욕과 컬럼비아에서 배운 것을 살려나가고 싶습니다."

컬럼비아 비즈니스 스쿨 Columbia Business School
미국 뉴욕에 있는 컬럼비아 대학의 경영대학원으로, 1916년 설립되었다. 뉴욕이라는 지역의 특성상 아카데믹한 이론과 실천적인 비즈니스를 동시에 배울 수 있는 커리큘럼을 제공한다. 13명의 노벨경제학상 수상자가 교편을 잡고 있으며, 세계의 모든 업계에서 졸업생들이 활약하고 있다. 사명은 "비즈니스와 사회 전체에 큰 영향을 줄 수 있는 글로벌 리더를 육성하자"이다. 급속하게 변하는 세계에서 새로운 기회를 찾아낼 수 있는 리더 육성을 목표로 내세우고 있다.

가와모토 아키히코川本暁彦
1976년 이집트 카이로에서 태어났다. 고등학교를 졸업하기 전까지는 아버지의 일 관계로 대부분을 해외에서 보냈다. 2000년에 게이오 대학 경제학부를 졸업한 뒤, 주식회사 하쿠호도博報堂에 입사했다. 영업국에서 국내·외자계 대기업의 브랜드·프로덕트 마케팅을 담당했고, 다이렉트마케팅 사업도 기획하고 운영했다. 2011년부터 회사 후원으로 컬럼비아 비즈니스 스쿨에 유학했다. 2013년 MBA를 취득했고, 현재 하쿠호도에 근무하고 있다.

세계 최고의 MBA는
무엇을 가르치는가

제6장

—

MIT
슬론 스쿨 오브
매니지먼트

자신에게 솔직한 태도로 살고 있습니까?

—

편견에서 스스로 벗어나는 MIT식 방법

'∪이론의 실천'
― 노숙자에게서 리더십을 배운다

MIT 슬론 스쿨에는 'U이론'이라는 경영이론으로 유명한 오토 샤머 Otto Scharmer 교수의 간판 강의가 있다.

'U이론의 실천: 지속 가능한 세계를 목표로 심도 있는 이노베이션을 리드한다'U-Lab: Leading Profound Innovation for a More Sustainable World라는 독특한 수업이다. 야마모토 미오가 이 과목을 이수한 때는 2012년 가을이다. 야마모토에게 새로운 관점으로 사물을 보는 것의 중요성을 가르쳐준 수업이었다.

U이론의 기본은 과거로부터가 아니라 미래로부터 배우고 행동하는 것이다. 경영학에 철학, 심리학, 인지과학, 동양사상까지 아우르고 있는 독자적인 이론이다.

샤머 교수는 저서에서 U이론의 주제를 다음과 같이 말하고 있다.

"과거로부터 배우는 방법은 널리 알려져 있다. 이른바 행동-관찰-반성-계획-행동의 사이클이다. 하지만 미래로부터는 어떻게 하면 배울 수 있는가? 이것이 이 책의 주제이며 목적이기도 하다." (『U이론』)

MIT에서 조직학습에 관해 연구해온 이 교수는 저명한 리더나 개혁자와의 인터뷰 등을 통해, 기업 내에서 변혁이나 이노베이션을 일으킬 수 있는지 여부는 리더의 '내면'에 달려 있다는 사실을 알게 되었다. 내면이야말로 행동의 원천이기 때문이다.

내면세계가 과거에 얽매여 있는 사람은 변혁에 나서기 어렵지만, 열려 있는 사람은 새로운 미래로 나아갈 수 있다.

샤머 교수는 내면 깊숙이 들어가 세상을 바라보면 미래의 가능성을 느낄 수 있으며, 새로운 미래를 실현할 수 있다고 말한다.

U이론(《그림 3》)은 개인이든 집단이든 실천할 수가 있다.

샤머 교수는 이 이론을 토대로 세계의 각종 사회문제와 기업문제를 연구하고 있다.

MIT 강의에서는 우선 개인의 실천으로부터 배운다.

그림 3. U이론

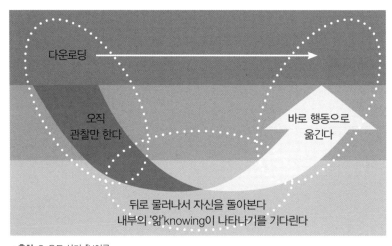

* **출처** C. 오토 샤머, 『U이론』

세계 최고의 MBA는
무엇을 가르치는가

개인을 대상으로 하는 U이론을 간략하게 설명하면, 'U'자를 쓸 때를 들 수 있다.

① 시작하는 지점이 '기존 관념에 얽매여 있는 자신'
② 가운데가 '편견에서 벗어나, 서서히 떠오르는 새로운 미래를 알아차리는 자신'
③ 최종 지점이 '새로운 미래를 창조해가는 자신'

여기서는 ①에서 ②로 이행하는 움직임을 '다운로딩', ②의 지점을 '실재'presencing, 그리고 ②에서 ③으로 이행하는 움직임을 '실현'이라고 부른다.

상의는 나른 비즈니스 스쿨에서는 보기 힘들 정도로, 실천적으로 진행된다.

예컨대 점토로 자신의 세계를 표현하는 연습을 한다. 이것은 ①의 자신에서 ②의 자신으로 이행하는 다운로딩을 배우기 위한 연습이다. 진정한 자기란 어떤 사람인가를 평소와는 다른 관점에서 알아보는 것이 목적이다.

그리고 '미러링Mirroring과 창조적인 대화'라는 기법도 있다.

상대의 이야기에 귀를 기울이면서 자기 안에 떠오른 이미지를 이야기한다(미러링). 그리고 대화 속에서 새로운 관점과 해결책을 찾아낸다(창조적인 대화).

야마모토에게 강한 영향을 준 기법은 자기와는 정반대의 세계에

있다고 생각되는 사람들의 목소리에 귀를 기울여보는 '엠퍼시 워크'
Empathy Walk였다.

이것도 편견에서 벗어나는 다운로딩 기법 중 하나다.

야마모토는 불가리아 출신의 동급생과 함께 '자기 세계와는 전혀 다른 세계'에 대한 정의를 내린 뒤, 경제적으로 혜택 받지 못한 사람들의 목소리에 귀를 기울이기로 했다. 그래서 보스턴 도심의 하버드 스퀘어에서 신문을 파는 남성을 떠올리고, 대화를 나누기 위해 그를 찾아갔다.

이름이 보브인 그 남성은 아프리카계 미국인으로, 노숙자였다. 자기 이야기를 들려주는 것이 기뻤는지 두 시간에 걸쳐서 말해주었다.

전에는 유명 뮤지션이 월드투어를 할 때의 보조원이었다고 한다.

"MIT 학생이라고요? 이런 강의가 있다니 정말 멋지네요. 리포트가 완성되면 꼭 보여주세요! 교육은 참으로 중요하죠. 저는 가난 때문에 제대로 배우지 못해서 그런지, 한번 직장을 잃은 뒤로는 다른 직장 구하기가 하늘의 별 따기네요."

이야기를 듣다보니 보브는 커뮤니케이션 능력이 탁월하고 신문을 파는 수완도 뛰어난데, 그 영업능력을 제대로 살리지 못하고 있다는 걸 알게 되었다.

생활보호를 받기 위해서는 수입이 너무 많으면 안 되기 때문이다. 그래서 신문을 어느 정도 팔면 그것으로 그칠 수밖에 없다고 한다.

야마모토는 이 구조에 의문이 생겼다.

"사회보장제도는 분명히 좋은 제도이지만, 도리어 보브 씨의 자립을 방해하는 측면도 있습니다. 보브 씨의 능력을 살리면서 동시에 생활을 지원해주는 구조를 만들 수는 없을까…… 사회적 기업이 할 수 있는 일이 반드시 있을 거라는 생각이 들었습니다."

또한 보브는 자기보다 어려워 보이는 사람이 하버드 스퀘어를 지나가면 반드시 도움을 주기 위해 나선다고 한다. 야마모토와 인터뷰를 할 때도 앞을 못 보는 여성이 지나가자 "You need help?"라고 말을 건넸다.

신문을 파는 중인데 그렇게까지 하는 이유가 뭐냐고 묻자, 이런 대답이 돌아왔다.

"저는 눈이 안 보이는 사람은 어떤 세계에서 살아가고 있는지를 실감해보려고 이따금 이렇게 손으로 눈을 가려봅니다. 그러면 너무 불안해져요. 그런 불안한 마음을 조금이라도 덜어주기 위해서 도와주려는 거죠."

보브는 MIT 학생이 자기 이야기를 경청해준 것이 무척 기뻤는지, "멋진 하루를 선사해줘서 고마워요!"라고 말하고는 근처 도너츠 가게에서 야마모토에게 커피를 사주었다고 한다.

자신보다 경제적으로 어렵다고 생각해서 찾아간 남성은 솔선해서 '더욱 어려운 처지에 있는 사람'을 도와주고 있었다.

"보브 씨가 '자신이 할 수 있는 범위 내에서 적극적으로 도와주는' 리더십을 발휘하는 모습을 보고 감동했습니다. 보브 씨를 만나고부터는 제가 소중히 하고 싶은 것이 무엇인지를 재확인할 수 있었지요."

편견에 사로잡혀서는 안 된다. 대화로 새로운 관점이 생긴다.

U이론을 실감한 하루였다.

'U이론의 실천' 강의에서는 ①의 '기존 관념에 얽매어 있는 자신'에서 ②의 '편견에서 벗어난 자신'으로 바꿔가는 연습이 끝나면, 'U'자의 아래에서 위로 올라가는 연습, 즉 '새로운 미래를 창조해가는 자신'으로 이행해가는 연습이 시작된다.

샤머 교수의 말에 따르면 새로운 자신으로 다시 태어나는 과정에서 필요한 포인트는 다음 두 가지다. 교수는 '프로토타입(시제품)이라는 말을 사용하면서, 인생을 창조할 때도 얼마나 많은 실험을 되풀이하는지가 중요하다고 말했다.

- 사소한 일이라도 좋으니 일단 실천해본다.
- 자기 외부의 세계를 만나면서 시행착오를 되풀이한다.

그리고 새로운 자신으로 향해갈 때 '정말 자기가 하고 싶은 일을 향해서 가는지'를 의식한다. 샤머 교수는 현대 인간사회의 문제로 세 가지 간극=Divide을 말한다.

① 에코노믹 디바이드(경제적으로 가난한 사람과 유복한 사람의 격차)
② 에콜로지컬 디바이드(생태계의 수용능력과 그것을 넘어서서 인간이 소비하는 자연자원의 양의 간극)
③ 셀프 디바이드(진정한 자기와 현재의 자기의 차이)

세계 최고의 MBA는
무엇을 가르치는가

다양한 연습을 통해 이런 간극들과 마주했던 U이론 마지막 수업에서는 학생 40명 전원이 둘러앉아 저마다 느낀 점을 말했다. 주로 나온 이야기는 ③의 셀프 디바이드였다.

"저는 오랫동안 미국의 대기업에서 일만 하고 살았습니다. 그런데 이 강의를 통해, 가족과 함께 보내는 시간을 좀더 소중히 여겨야 한다는 생각이 들었습니다."

"MIT에 오기 전에는 영어권에서 일한 적도 없고, 외국에서 공부를 해야겠다는 생각도 해본 적이 없습니다. 입학한 뒤로 고생을 꽤 많이 했지만, 저의 컴포트 존_{comfort zone}(편안함을 느끼는 공간)을 뛰쳐나가는 것이 얼마나 중요한 일인지를 실감하고 있습니다."

"엠퍼시 워크의 과제를 여자친구와 함께 한 경험을 잊을 수가 없습니다. 평소에는 상대가 하는 말을 그렇게 진지하게 듣기는 않았지요. 가까운 사람과 대화를 할 때도 함께 만들어가는 대화를 하기는 쉽지 않지만 다시 도전해보고 싶습니다."

야마모토도 말했다.

"이 수업을 듣고 저는 '인생은 요트를 모는 것과 비슷하다'고 친구에게 얘기했던 기억이 떠올랐습니다. 가야 할 곳이 정해져 있지 않아도 물 위에 떠 있을 수 있고, 그냥 정처없이 앞으로 나아갈 수도 있습니다. 한편으로는 목적지가 정해져 있어도 거기에 똑바로 접근할 수 없기도 합니다. 때로는 바람을 읽으며 둘러가기도 하면서 조금씩 다가가는 것과 같다고 말이죠."

야마모토는 이어서 말했다.

"저는 MIT에 입학하기 전에 사회적 기업가를 지원하는 비영리단체를 친구와 함께 설립했는데, 경영컨설팅 회사로부터도 입사를 내정받아서 진로에 대해 고민한 적이 있습니다. 이 수업을 통해서 제가 진정으로 실현하고 싶은 이상과 제가 전력투구할 수 있는 소스(원천)를 숙고한 끝에 결국 사회적 기업가의 길을 가기로 결정했지요."

샤머 교수는 학생들에게 자신의 체험담을 이야기했다.

"저도 전에 MIT냐 매킨지 앤드 컴퍼니냐를 놓고 결단을 내려야 할 때가 있었습니다. 수입은 매킨지 쪽이 몇 배나 높았지만, 제가 하고 싶은 일을 중시해서 MIT에서 연구를 하는 길을 택했지요. 그리고 그것이 올바른 선택이었다고 지금도 믿고 있습니다."

야마모토는 교수의 이 말이 자신을 밀어주고 있는 듯한 느낌을 받았다고 한다. 수업이 끝나자 동료들이 '용기 있는 결단을 내렸네!'라며 야마모토를 응원해주었다.

"졸업을 한 뒤 도호쿠 지역에서 소셜 비즈니스를 시작했는데, 셀프 디바이드의 이야기는 지금도 생각이 납니다. 이 일을 선택한 것을 조금도 후회하지 않습니다."

MIT 강의 ②
'푸에르토리코에서의 창업과 지속적 경제개발'
— 컨설팅으로 혁신적인 변화를 일으켜라

세계 최고의 MBA는
무엇을 가르치는가

야마모토가 졸업 후 사회적 기업가의 길을 가는 데 힘을 실어준 강의에는 리처드 로크Richard Locke 교수의 '푸에르토리코에서의 창업과 지속적 경제개발'Entrepreneurship and Sustainable Economic Development in Puerto Rico〈Puerto Rico Lab〉도 있다.

로크 교수는 MIT 슬론 스쿨의 부학장으로, 전공은 '정치학'과 '지속 가능성'이다. 야마모토가 입학하기 전부터 이름을 알고 있었을 정도로 유명한 교수다.

이 교수는 스포츠용품 제조회사 나이키가 1990년대에 NGO(비정부조직)로부터 개발도상국에 있는 현지공장의 노동환경과 관련해 큰 비판을 받은 문제를 사례로서 작성했다. 이 사례는 그뒤 나이키가 '기업책임'을 담당하는 부문을 신설하는 한편, NGO와 협력하면서 공장의 열악한 환경이나 서임금 등을 개선해나간 계기가 되었다고 한다.

로크 교수는 또 신흥경제국에서의 비즈니스 개발 전문가로서 MIT에서 'Lab'으로 잘 알려진 실습형식의 강의를 창안해서 실시해왔다.

'푸에르토리코에서의 창업과 지속적 경제개발' 강의에서는 학생들이 카리브해의 푸에르토리코에 머물면서 현지기업이나 비영리단체를 고객으로 컨설팅을 했다.

푸에르토리코는 미국 영토이지만 경제적으로나 문화적으로 중남미 국가에 가까우며, 빈부격차가 크고 실업률도 높다. 세제우대 혜택으로 기업 유치를 꾀하고 있지만, 주요 산업은 관광업이나 럼주 제조 등으로, 새로운 산업이 육성되지 않고 있다.

야마모토 팀의 고객은 현지 NPO 법인이다. 컨설팅의 주제는 다음과 같은 것이었다.

과제
고객은 푸에르토리코에서 10년 넘게 창업지원 활동을 펼치고 있는 NPO 법인이다. 하지만 오랜 불황 속에서 창업가가 좀처럼 육성되지 않고 재정난에 빠져 있다. 전략을 재정비해야 하는 고객은 앞으로 ①어떤 창업가에게, ②어떤 지원을 하고, ③어떤 자금을 조달하여 회생을 꾀하면 좋을까?

팀은 싱가포르인 여성, 인도인 남성, 그리고 야마모토를 포함한 여성 2명으로 총 4명이다. 교수는 프로젝트의 진행에 맞추어서 다음과 같은 조언을 해주었다.

- 고객이 무엇을 지향해야 하는지 철저하게 조사한다.
- 팀의 강점을 살린다.
- 고객이 보통은 수집하기 힘든 정보를 확보해서 새로운 관점을 제시한다.

그래서 야마모토의 팀은 주요 스테이크홀더인 정부관계자, 투자가, 창업가 등 약 40명을 대상으로 인터뷰를 해서 '그들은 현재 무엇을 필요로 하는가, 함께 할 수 있는 일은 무엇인가'를 탐색했다. 그 결

세계 최고의 MBA는
무엇을 가르치는가

과 알게 된 사실은 다음 두 가지였다.

- 창업 촉진과 푸에르토리코의 경제발전이라는 비전을 이루기 위해서 고객은 지금까지 해온 활동 내용을 재검토해서 한층 진전된 창업가 지원을 해야 한다.
- 고객은 다른 NPO나 투자가 등의 스테이크홀더를 연결해서, 푸에르토리코 전역에서 창업가를 육성할 에코시스템을 구축해나가는 리더로서의 역할을 담당해야 한다.

최종 프리젠테이션에서 야마모토 팀이 조사해서 내놓은 보고서는 호평을 받아, 고객 쪽에서 이런 반응을 보였다.

"MIT 팀의 프리젠테이션을 계기로 조직 내부에서 심도 있는 토론을 할 수 있었으며, 비전이나 그 구체적인 실현방법에 대해 합의할 수 있었습니다. 우리에게는 다음 단계로 나아가는 역사적인 날이 되었습니다."

야마모토는 이 프로젝트를 통해서 자기 리더십에 대해 자신감을 갖게 되었다.

"고객이 사회적 기업가를 지원하는 NPO여서 저의 경험이나 지식을 살릴 수 있는 분야였습니다. 그래서 토론을 할 때도 리드를 해나가는 경우가 많았으며, 최종 프리젠테이션의 내용에도 적극적으로 관여할 수 있었습니다. 고객이 제언을 기쁘게 받아들여준 것도 자신감으로 이어졌습니다."

야마모토는 'Lab=실습'이라는 두 강의(U이론의 실천과 푸에르토리코에서의 실습)를 통해, 행동하는 것의 중요성을 배웠다.

MIT는 "THINK ACT REFLECT"(생각하라, 행동하라, 반성하라)를 모토로 내세우고, 강의실 밖으로 나가 현장에서 배우는 실습에 무게를 두는 커리큘럼을 진행하고 있다.

이런 학풍도 있고 해서 야마모토는 사회적 기업가로서 과외활동에도 남보다 한층 더 힘을 쏟아왔다. 'Sloan Entrepreneurs for International Development(SEID)'라는 학생단체의 주요 멤버가 되어 신흥경제국의 개발을 지원했다.

2013년 3월에는 MIT 건축학부의 간다 슌神田駿 교수와 함께 동일본 대지진 심포지엄을 개최했는데, MIT나 하버드 등으로부터 100여 명의 청중이 모였다.

간다 교수는 대지진 이후 미야기현의 미나미산리쿠초 등지에서 'MIT Japan 3/11 Initiative'라는 복구지원 활동을 계속하고 있다. 그런 경험을 바탕으로 'BEYOND 3.11'이라는 주제로 향후 도호쿠 지역이 지속적인 미래를 구축해가기 위한 과제에 대해 강연을 했다.

한편 야마모토는 대표이사 겸 공동창업자로서 '월드 인 아시아'의 활동내용과 도호쿠 지역에서 활동하는 사회적 기업가에 대해서 보고했다.

이 심포지엄을 계기로 MIT에 도호쿠 지역을 지원하는 새로운 네트워크가 생기고 있다.

"학비 대출금도 갚아야 하고 해서 경영컨설팅 회사 등에 취직하는 길도 생각해보았습니다. 하지만 MIT에서 다양한 경험을 하고 '제가 현재 가장 전력투구할 수 있는 일'을 선택하자는 생각을 갖게 되었지요."

야마모토 미오의 진로

"세계에 영향을 주는 사회적 기업가들과 함께 미래를 그리고 싶다."

야마모토 미오는 2013년 7월 현재, 센다이에서 사회적 기업가로서의 활동을 개시했다.

작은 위클리맨션을 빌려서 공동으로 창립한 일반사단법인 '월드 인 아시아'를 거점으로 도호쿠 지역의 부흥을 위해 힘쓰고 있다.

9개 단체에 투자하기로 결정했는데, 자원봉사활동가와 직원들의 도움을 받고 있지만 일은 산더미처럼 쌓여 있다.

예컨대 재일 필리핀인 사장이 경영하는 영어학교에도 투자하기로 결정했다. 이 학교는 동일본 대지진으로 직장을 잃은 재일 필리핀인을 영어교사로 육성해서 센다이나 후쿠시마에서 영어회화 교실을 열고 있다. 야마모토는 '월드 인 아시아'를 통해 자금뿐 아니라 비즈니스 모델의 구축, 조직 만들기 등의 다양한 지원을 벌이고 있다.

앞으로 보스턴, 도쿄, 센다이를 거점으로 사회적 기업가로서 활동해갈 예정이다.

"아주 새로운 곳에서 새로운 비전을 그리는 일부터 시작하고 있습니다. 그저 눈앞의 일을 해내는 것뿐만 아니라 '자신들이 하고 있는 일이 정말로 사회의 필요에 부응하고 있는지'를 항상 묻는 것이 중요하다고 봅니다. 아직은 하나의 과제이겠지만, 국경이나 조직, 이해관계의 벽을 넘어 사람과 사람을 연결하고, 사회에 미치는 영향을 최대화할 수 있는 활동을 하고 싶습니다."

소셜벤처에 '땀과 시간과 돈'을 투자해가고 있는 야마모토 미오. MIT의 MBA 유학이 결실로 이어져 일본의 소셜 벤처에도 큰 반향을 일으키게 될 것 같다.

MIT 슬론 스쿨 오브 매니지먼트MIT Sloan School of Management

미국 보스턴에 있는 매사추세츠 공과대학(MIT)의 경영대학원이다. 1914년에 설립되었고, Action Learning Labo라는 현지연수로 유명하다. 세계에서도 손꼽히는 공과대학 비즈니스 스쿨답게 IT 계통에 강한 커리큘럼이 특징이다. 공학부와의 제휴 프로그램도 있다. 사명은 "확고한 신념을 갖고 세계를 한층 나은 방향으로 이끄는 혁신적인 리더를 육성하고, 경영을 진화시킬 아이디어를 내놓자"이다.

야마모토 미오山本未生

1979년 도쿄에서 태어났다. 2005년 도쿄 대학 교양학부(국제관계론)를 졸업한 뒤, 스미토모 화학 주식회사에서 마케팅을 담당했다. 같은 해에 업무와 병행해서 '소셜 벤처 파트너스 도쿄'에 참여했다. NPO 법인 '농촌 젊은이들 네트워크' 등 혁신적인 사회적 기업을 땀과 시간과 돈을 투자하면서 지원했다. 2011년 스미토모 화학에서 퇴사하고 매사추세츠 공과대학 슬론 스쿨 오브 매니지먼트에 입학했다. 2013년에 MBA를 취득했고, 현재 일반사단법인 월드 인 아시아(WiA) 대표이사 겸 공동창업자로서 도호쿠 지역의 사회적 창업가를 지원하고 있다.

제7장

시카고 대학 부스
비즈니스 스쿨

투자가 앞에서는 패배자가 되지 마라!

시카고의 간판 교수가
가르쳐주는
실천적 창업능력

'새로운 벤처사업에 대한 도전'
― 그대들의 팀이 꼴찌다

2011년 여름, 시카고 대학 부스 비즈니스 스쿨에 유학한 모리타 히로카즈는 왠지 모르게 초조했다.

미국에 오기 전 경제산업성의 동료들은 전력 수급 대책을 세우고 대지진 재난지역에 가서 복구 지원을 하느라고 극도로 피곤한 상태에서 일하고 있었다.

경제산업성 앞에서는 국가의 대응에 불만을 품은 시민단체들이 분노의 외침을 터뜨리고 있었다. 국민의 성난 목소리를 들으면서 일해야 하는 동료들은 모두 사명감을 갖고 필사적으로 직무에 매달리고 있었다. 그런데 모리타는 그런 동료들을 남겨둔 채 유학을 떠난 것이었다.

어렵게 시험을 통과해서 시카고 부스 스쿨에 합격했지만, 유학 중에는 자신이 고국을 위해 무엇을 할 수 있는지를 고민하는 나날이었다고 한다.

"처음 3개월은 괜히 초조하고 안절부절못했습니다. '여기에서 강의만 듣고 있어서는 안 된다', '뭔가 도전해야 한다', '어서 빨리 일본에 공헌할 수 있는 뭔가를 해야 한다'며 안달이 나 있었죠."

그래서 우선 '머리로 생각만 하느니 일단 행동에 나서자'고 마음먹고 시카고 시내에서 종종 개최되는 비즈니스 컴피티션에 도전했다.

일본에서 벤처사업이 육성될 수 있는 환경을 만들고 그것을 지원해가기 위해서는 어떻게 하면 좋을까? 이 점을 배우는 것이 자신이 당장 할 수 있는 일이라고 생각했기 때문이다.

모리타는 시카고 부스 스쿨이 공동개최하는 '시드컴'이라는 비즈니스 컴피티션에 참가해서 전공인 우주사업으로 승부를 가리고자 했다. 미국은 우주산업의 본고장이기 때문에, 우주사업이라면 충분히 먹힐 것이라고 판단했던 것이다.

그런데 투자가들의 반응이 시큰둥했다.

다음에는 시카고 인터랙티브 마케팅 협회가 주최하는 '시카고 디지털 스타트업 이니셔티브'Chicago Digital Startup Initiative라는 컴피티션에 도전했다. 시카고 부스 스쿨의 동료에게 협조를 구해서 다양한 우주사업의 프리젠테이션을 했지만 역시 투자가들의 관심을 끌지 못했다.

"지금 생각해보면 저의 프리젠테이션 기술도 부족했던 것 같습니다. 자신의 미숙한 모습만 눈에 들어오고, 한낱 의욕만 앞세워 덤벼들고 있다는 걸 뼈저리게 느꼈습니다."

그런데 스티븐 카플란Stephen Kaplan 교수가 맡고 있는, 시카고 부스 스쿨의 명품 강의 '새로운 벤처사업에의 도전'New Venture Challenge이 그런 시행착오에서 탈출할 수 있는 계기가 되어주었다.

2011년 12월, 1년 선배인 일본인 학생이 함께 팀을 만들어 도전해보자고 해서 이 강의를 신청했다. 그뒤 브라질 학생과 미국인 학생도 팀에 합류했다.

세계 최고의 MBA는
무엇을 가르치는가

이 강의를 듣기 위해서는 예선을 치러야 한다. 비즈니스 컴피티션의 아이디어를 제출하고 서류심사를 통과해야 하는 것이다. 100팀이 도전해서 그중 30팀만 선발된다. 비즈니스 스쿨의 강의이지만, 시카고 부스 스쿨의 학생이 한 명이라도 있으면 컴피티션에 참가할 수 있기 때문에 '시카고 최대의 비즈니스 컴피티션'으로 불리고 있다.

의료, 하이테크, 금융, 법률 등 다양한 전문분야를 지닌 시카고 부스 스쿨의 학생을 비롯해서 대기업 직원, 벤처창업자 등의 사업개발 전문가도 다수 참가하고 있다.

예선은 2012년 1월에 치러졌다. 컴피티션에 여러 차례 나가본 경험이 있는 모리타가 중심이 되어 사업계획을 세웠다. 이때 모리타는 사업방향을 바꾸었다. 전문분야인 우주사업에 도전하지 않기로 한 것이다.

"현상태에서 예선을 통과하려면 우주사업으로는 어렵겠다고 판단했습니다. 좀더 구체적이며 알기 쉽고, 투자가의 구미를 당길 수 있는 사업이 무엇인지를 필사적으로 탐색하고 사업계획을 짰습니다."

모리타는 '일본다운 사업'과 '자기다운 사업'에 중점을 두고 사업계획을 구상했다.

경제산업성 출신인 모리타에게 컴피티션은 미국의 투자가가 현재 일본의 어떤 사업에 투자하고 싶어하는지를 현장에서 조사할 수 있는 절호의 기회이기도 했다.

"'저만이 할 수 있는 일', '일본에 도움이 되는 일', '시장의 수요' 등을 고려하던 중에 콘텐츠 사업이 떠올랐습니다. 저는 원래 모던아트를 좋아했는데, 멋진 아티스트나 크리에이터들이 세상에 나와도 일본이라는 제한된 시장만으로는 일을 계속해나갈 수 없어서 중도에 그만두는 경우를 수없이 봤습니다. 그래서 이런 문제를 해결할 수 있는 사업을 구상하게 된 것이죠."

팀원들과 상의한 결과, 일본의 그래픽 아티스트와 미국의 온라인 게임 회사 등을 연결시키는 사업으로 승부를 보자고 결정했다. 회사명은 ORIGAMI Inc.(오리가미 사). 누구나 일본의 이미지를 쉽게 떠올릴 수 있는 이름으로 정했다.

모리타가 참고로 한 것은 '스톡포트 비즈니스'라는 사업 모델이었다. 프로 카메라맨이 촬영한 사진이나 아티스트가 제작한 그래픽 등을 유료로 다운로드할 수 있는 서비스를 제공하는 사업이다. 이른바 크리에이터와 고객 간에 다리를 놓아주는 사업으로, 크리에이터에게는 다운로드된 만큼의 사용료가 지불된다.

대표적인 회사로 셔터 스톡이나 포토리아가 있다. 2012년에는 세계 최대급 사모펀드인 KKR이 포토리아에 1억 5,000만 달러를 투자한 적도 있는데, 이 분야야말로 최근 들어 투자가들의 눈길을 사로잡고 있다.

오리가미 사는 우선 일본의 아티스트와 계약을 맺어 영상이나 애니메이션을 업로드했다. 고객은 소정의 요금을 내고 자신이 선호하는 콘텐츠를 다운로드할 수 있고, 아티스트에게는 로열티가 지급된다.

2012년 1월, '새로운 벤처사업에의 도전' 강의를 들을 팀을 뽑는 서류심사가 시작되었다. 경쟁률이 보통의 3배에 이르는 인기 강의.

2월에 결과가 나왔는데, 심사위원의 채점보고서가 달려 있었다.

"두 명의 심사위원이 서류를 심사합니다. 우리 팀의 심사위원은 한 사람은 투자가, 또 한 사람은 스타트업 전문 변호사였습니다. 투자가는 5점 만점에 4점, 변호사는 2점을 주었지요. 10명의 투자가 중에 10명이 전부 좋다고 할 아이디어는 없게 마련이지만, 심사위원 2명의 평가가 크게 다르다는 점에 놀랐습니다."

결과는 합격이었다. 그리고 3월에 스티븐 카플란 교수와 합격 팀의 개별 면담 자리가 마련되었다.

"서류심사는 통과했지만, 현단계에서는 여러분의 팀이 30팀 중 꼴찌네요. 기대를 많이 했는데 실망했어요."

면담이 끝나고 돌아가는 길에 누구보다도 브라질인 동료는 실망한 표정을 감추지 못했다. 벤치게피턴 출신으로 카플란 교수를 동경해서 시카고 부스 스쿨에 입학했다고 한다.

"브라질인 친구는 '시카고 부스 스쿨에 오고 나서 여러 교수와 면담을 했는데, 이번에 가장 큰 충격을 받았어'라고 한마디 내뱉고는 어깨를 늘어뜨렸어요. 저는 오히려 '꼴찌니깐 밑져야 본전'이라는 마음으로 분발했습니다."

2012년 3월, 카플란 교수의 강의가 시작되었다.

강의는 팀별 프리젠테이션만으로 구성되어 있다. 매 강의마다 각 팀은 전문가 앞에서 사업계획에 대한 프리젠테이션을 하고 엄격한 피드백을 받는다. 그 밖의 시간에는 교수나 멘토에게 조언을 들으면서 사업계획을 다듬어간다.

예선을 통과한 학생들을 대상으로 하는 강의라서 사업계획 작성법은 다들 몸에 익히고 있었다. 그래서 프리젠테이션 능력이나 창업 때 요구되는 실천력을 높이는 데 중점을 두었다. 교수의 조언은 항상 현실적이다. 특히 다음의 3가지 조언이 인상적이었다.

① 구체적인 스토리를 전달한다.
② 고객의 반응이나 조사결과를 구체적으로 전달한다.
③ 팀원의 역할을 명확히 하고, 적절한 비즈니스 조언자를 구한다.

①의 '구체적인 스토리를 전달한다'는 예컨대 왜 창업을 생각했는지를 글로 써서 전달하는 것이다.

온라인 꽃집 사업을 구상하는 남학생은 꽃다발 그림과 함께 다음과 같이 프리젠테이션을 시작했다.

"그녀의 생일에 꽃을 보내려고 온라인에서 꽃다발을 주문했더니 그날 도착한 것이 바로 이겁니다(슬라이드로 시든 꽃다발 사진을 보여준다). 본의 아니게 그녀를 실망시키고 말았지요. 이 일을 계기로 고객에게 신뢰받는 온라인 꽃집 사업을 떠올리게 되었습니다."

②의 '조사결과를 구체적으로 전달한다'는 가령 '어디의 누구를 상대로 이런 인터뷰를 했다'와 같이 고유명사와 함께 써야 한다. 요컨대 '잠재고객은 이렇게 말했다'고 적는 것이 아니라 '잠재고객인 A사의 의사결정권자인 B는 이렇게 말했다'와 같이 상세하게 써야 한다.

"카플란 교수는 강의 중에 몇 번이고 'Be specific!'(상세하게)을 강조했습니다. 우리가 프리젠테이션을 할 때도 유저의 목소리나 제휴할 기업의 의견 등을 구체적으로 적으라고 입에 침이 마르도록 지적해주었습니다."

③의 팀을 조직하는 법은 카플란 교수가 가장 중시하는 부분이다.

사업을 시작하는 사람은 '이런 팀이기 때문에 이 사업을 할 수 있는 것입니다'와 같은 식으로 사업내용과 어울리는 설득력 있는 사람들로 팀을 구성해서 투자가에게 보여주어야 한다. 그리고 업계 지식과 네트워크를 가진 비즈니스 조언자도 반드시 필요하다. 모리타는 이렇게 말했다.

"투자가의 반응을 보니 누가 비즈니스 조언자인지가 투자를 검토하는 데 상당히 중요한 판단자료라는 것을 알았습니다."

이 강의의 하이라이트는 3월에서 4월에 걸쳐 실시하는 두 번의 중간보고회와 5월의 최종보고회다. 100명 가까운 투자가, 창업자, 변호사 등이 모여 사업계획을 심사한다.

중간보고회 때 프리젠테이션을 할 학생들을 앞에 두고 카플란 교수는 이렇게 말했다.

"투자가 앞에서 프리젠테이션을 할 때 '이것은 보수적인 숫자입니다'라는 말이 나온 순간 패배자가 된다는 사실을 잊지 마세요."

교수는 투자가 앞에서는 지나치게 낙천적이어서도 안 되지만 그렇다고 보수적이어서도 안 된다고 강조한다. 핵심은 사업을 시작하는 사람으로서 자신이 프리젠테이션을 하는 숫자에 변명을 해서는 안 된다는 점이다. 변명을 늘어놓는 순간, 투자가는 '신뢰할 수 없는 리더'라는 점을 간파해버린다.

"투자가 앞에 서면 아무래도 방어적인 마음이 들면서 '이 매출액 전망은 보수적인 숫자입니다'와 같이 프리젠테이션을 하기 쉽습니다. 그런 경향이 있는 저는 그 말을 듣는 순간 내심 걱정이 되었는데, 사실 가슴에 깊이 와닿는 말이었습니다."

중간보고회 때는 온라인 꽃집의 BlomNation이나 새로운 유전자 변환 기술의 개발 및 실용화를 진행하는 바이오 벤처기업 ArborVita Associates 등의 강팀들이 모여 있었다.

"평소에는 좀체 긴장하지 않는데, 이때는 발표 이틀 전까지 극도로 긴장했습니다. 오로지 연습밖에 없었기 때문에 아마 100번 정도는 예행연습을 했던 것 같습니다. 그랬더니 겨우 긴장이 풀리기 시작하더군요."

중간보고회는 대략 한 달에 걸쳐서 진행한다. 매주 8팀씩 프리젠테이션을 했는데, 모리타의 팀은 20팀 정도가 끝난 뒤에 순서가 돌아왔다. 모리타는 진인사대천명의 마음으로 오리가미 사의 사업계획을 발표했다.

일본 콘텐츠의 인기가 나날이 높아지고 있고 해외시장에서 재능 있는 일본인 크리에이터의 작품을 찾고 있다는 점, 양자를 연결하려면 여러 가지 문제가 따를 수 있지만 오리가미 사가 다리 역할을 하면 그 문제를 해결할 수 있다는 점, 잠재고객으로부터 받은 피드백을 바탕으로 한 우위성 있는 사업 모델이라는 점 등을 예행연습을 한 대로 무난하게 전달할 수 있었다.

심사위원과의 질의응답도 순조롭게 진행되어 만족스런 발표였다.

발표가 끝나고 자리를 정리하고 있는데 뜻밖에도 카플란 교수가 찾아왔다. "카플란 교수는 저희에게 다가와서 '다들 잘했어요. 여러분 팀이 참가 팀들 중에서 제일 두드러지게 성장했어요! 이 페이스로 앞으로도 열심히 해나가세요!'라고 격려해주었습니다. 꼴찌에서 시작해서 그런지 멤버들 모두 무척 기뻐했습니다."

시카고 강의 ②

'창업자 육성을 위한 특별 프로그램'
― 컴피티션으로 창업을 현실로 만든다

모리타의 팀은 유감스럽게도 중간보고회에서 8위 안에 들지 못해서 5월의 최종보고회에 참가할 기회를 얻지 못했다.

"최종 순위는 발표되지 않아서 알 수가 없는데, 교수는 총평을 할 때 '아쉽게 탈락한 팀 중에는 8위 안에 든 팀에 비해 전혀 손색없는 훌륭한 팀들이 있었습니다. 앞으로도 열심히 해주기 바랍니다'라고 말해주었습니다. 우열을 가리기 힘들 만큼 근소한 차로 아깝게 떨어진 팀들 중에 오리가미 사도 들어 있어서, 또다른 기회가 주어진 셈이긴 하다고 생각합니다."

모리타는 탈락했다고 해서 그대로 주저앉을 사람이 아니었다. 이

번에는 햇병아리 창업자들을 모집하는 여름의 집중 프로그램The Polsky Center Accelerator Program에 도전했다. 이 프로그램에서 신빌되면 학교측에서 사부실이나 비즈니스 조언자를 제공한다.

응모한 40팀 중 10팀만 선발되는 결코 쉽지 않은 도전이었지만, 모리타의 팀은 멋지게 합격했다. 다른 팀원들은 기업에서 인턴으로 일하게 되었기 때문에, 모리타가 팀 대표로서 혼자 참가하여 오리가미 사의 사업계획을 한층 더 다듬어나갔다.

주로 지도해준 사람은 웨이벌리 도이치Waverly Deutsch 특임교수였다.

도이치 교수는 오리가미 사의 사업 모델이 진화를 거듭해가는 과정에서 제때에 이러저런 조언을 해주었다.

프리젠테이션의 스토리 구성부터 테스트판 서비스의 진행방식, 투자가나 팀원과의 이해관계를 정리하는 방법까지 다방면에 걸쳐서 조언을 해주었다.

교수의 조언은 구체적이고 실질적이었다.

"그 아이디어는 알기가 어려워요."

"소프트웨어 회사의 사업 모델에서 유추해보면 어때요?"

"테스트판 서비스를 시작할 때는 목표를 이루지 못할 경우 그 이유가 무엇인지를 미리 잘 파악해두세요."

"컨버터블 노트Convertible Note를 발행하면 1년 뒤에 회사의 평가는 이렇게 되고 주주 구성은 이런 형태로 될 겁니다."

때로는 화이트보드를 사용해가며 1시간에 걸쳐 개인지도를 해주기도 했다.

프로그램은 대략 10주간에 걸쳐서 진행된다.

처음 한 달은 멘토라고 불리는 프로그램의 후원자(시카고 부스 스쿨의 OB, OG 등)를 만나 구체적인 조언을 듣는다. 멘토 그룹은 투자가, 변호사, 경영자 등 창업과 관련한 전문가들로 구성되며, 상담을 요청하면 기꺼이 응해준다.

다음 한 달은 회사 설립을 위한 법적 절차나 계약 관련, 사무실을 구하는 일, 자금조달 방법, 스타트업 특유의 영업 프로세스, 디지털 마케팅, 프리젠테이션 기술 등 주제별로 워크숍이 실시된다.

그리고 마지막 날에 프로그램의 성과를 발표하는 '데모데이'DEMO Day가 개최된다.

모리타는 이 프로그램을 통해, 다양한 사람을 만나 인터뷰하는 것이 얼마나 중요한 일인지를 배웠다.

"전부 합쳐서 10여 명의 멘토와 20여 명의 잠재고객을 만났습니다. 사람을 만나면서 사업 모델이 바뀌어가고 구체적으로 진화했으며 창업이 현실화되어갔습니다. 사람들에게 가능한 한 많은 조언을 들으며 스스로 판단하고 취사선택을 하는 과정에서 비로소 올바른 방향을 잡아나갈 수 있게 된다는 점을 절실히 느꼈습니다."

2012년 8월, 데모데이가 열렸다. 100명이 넘는 투자가, 언론 관계자, 창업자, 시카고대 학생 등이 모여 프리젠테이션을 평가했다.

모리타의 사업계획은 내용은 물론이고 표현방법에서도 크게 진화했다.

그림 4. 프리젠테이션 자료의 진화

New Venture Challenge의 중간보고회 (2012년 4월)

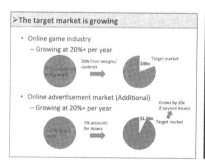

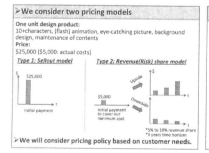

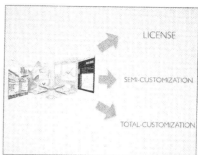

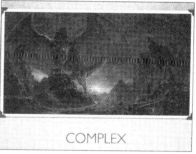

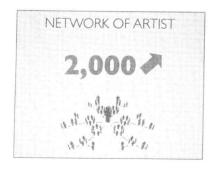

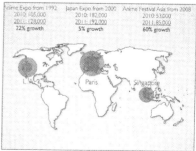

2012년 4월 중간보고회 때의 프리젠테이션과 얼마나 달라졌는지 한눈에 알 수가 있다(《그림 4》).

"기본석으로는 전부 육성으로 스토리를 말하는 것을 전제로 프리젠테이션을 만들었습니다. 카플란 교수의 강의 때는 프리젠테이션 자료에 글자가 많았고, 게다가 설명적인 내용이었지요. 데모데이 때는 참석자들의 흥미를 끌기 위해 슬라이드를 효과적으로 사용했습니다."

오리가미 사의 프리젠테이션은 호평을 받아서 지역언론에 '시카고 대학 부스 스쿨의 주목할 만한 벤처계획'이라고 소개되었다.

대략 1년에 걸쳐 매달렸던 창업계획은 모리타의 인생을 어떻게 바꾸었을까?

"흔히 MBA 유학을 통해서 가치관이 바뀐다거나 새로운 관점이 생긴다고 하는데, 제 경우에는 조금 다릅니다. 어느 쪽인가 하면 MBA는 '아직 한참 부족한 자신을 실감했던 곳'이며, 저 자신을 좀더 잘 알게 된 곳이라고 말하는 편이 적절하다고 생각합니다. 비즈니스 컴피티션에 도전했을 때는 저에게 역부족이었거나 불가능했던 점들이 구체적으로 눈에 들어와 하루하루가 시행착오의 연속이었습니다. 하지만 그 과정에서 팀이나 조직이 지닌 힘을 실감했지요. 여기서의 경험과 만남이 저의 인생을 바꾸었다고 언젠가 말할 수 있게 될지도 모르겠습니다."

세계 최고의 MBA는
무엇을 가르치는가

모리타 히로카즈의 진로

2013년 7월, 모리타는 졸업을 한 뒤에도 시카고에 머물고 있었다.

생각을 거듭한 끝에 경제산업성을 퇴직하고 오리가미 사를 설립해서 사업을 시작하기로 결정한 것이다. 국비유학 직후의 퇴직은 도덕상의 문제도 있어서 내심 갈등을 했지만 인생을 걸고 창업에 나서기로 했다.

1,000만 엔이 넘는 학비는 국가에 반납했다.

"일본을 위해 무엇을 할 수 있을까요? 물론 경제산업성에 근무하면 확실히 중요한 일에 종사할 수 있습니다. 학비 반환과 창업 자금까지 고려하면 생활이 불안정해지는 것도 틀림없습니다. 그래도 오리가미 사를 세워 사업을 시작하기로 결심했지요."

이렇게 중요한 결단을 내리게 된 계기는 앞에서 소개한 두 강의에 있었다.

"벤처기업의 활동은 업계에 새로운 스탠더드를 제시하고 변혁을 가져옵니다. 시카고 대학 부스 스쿨에서 듣고부터는 저도 노력 여하에 따라 그런 과정의 당사자가 될 수 있다는 사실을 구체적으로 깨달았지요. 우선은 크리에이티브 산업 분야에서 창업에 도전해보려고 합니다."

관료에서 창업가로 인생의 길을 바꾸었다. 시카고 부스 스쿨로 유학을 간 것이 인생의 전환점이 된 것이다.

"카플란 교수는 '결과를 내지 못하는 이유는 그대들의 힘이 부족하기 때문이다. 그런 자신을 부끄러워하라!'는 말을 자주 했습니다. 냉정한 말이었지만 저의 마음에 불을 지펴주었지요. 그렇게 격려해준 교수에게 감사하고 있습니다. 그리고 고맙게도 대학에서도 여러모로 지원해주었습니다. 이처럼 뜨거운 체험을 할 수 있고 창업의 길이라는 결단을 내릴 수 있었던 것도 시카고 부스 스쿨에서 배운 덕분이라고 생각합니다."

시카고 대학 부스 비즈니스 스쿨 The University of Chicago Booth School of Business
미국 일리노이주 시카고 대학의 경영대학원이다. 1898년에 설립된 유서 깊은 비즈니스 스쿨의 하나로, 5명의 노벨경제학상 수상자가 교편을 잡고 있다. 아카데믹한 학풍으로 유명하며, 졸업 이후의 진로에 맞춰 1년차부터 유연하게 커리큘럼을 짤 수 있는 것이 특징이다. "영속적인 영향을 주는 지식을 창조하고, 현재와 미래의 리더에게 영향을 미치며 교육을 하는 것"을 사명으로 내걸고 있다.

모리타 히로카즈森田博和

1980년 도쿄에서 태어났다. 2005년 도쿄 대학 대학원 항공우주공학과를 수료한 뒤, 경제산업성에 들어갔다. 6년간 중소기업 전책, 에너지 절약 및 신에너시 성책, 항공우주 정책의 기획·입안 등에 종사했다. 공무원 파견연수제도에 의해 2011년 시카고 대학 부스 비즈니스 스쿨에 유학했다. 2013년 MBA를 취득하고, 8월에 ORIGAMI Inc.(미국 일리노이주) 공동창업자 겸 CEO로 취임했다.

세계 최고의 MBA는
무엇을 가르치는가

제8장

미시건 대학
로스 비즈니스 스쿨

서양의 방식만이 승리의 방정식은 아니다

—

미시건 대학이
가르치는
글로벌 인재의 조건

'아시아의 비즈니스'
— 역경을 극복한 아시아의 지도자에게 배운다

2012년 9월 미시건 대학 로스 비즈니스 스쿨에 유학하던 니시카와 미유는 자기 나름의 리더십론을 확립할 수 있게 해준 강의를 만났다. 미시건 로스 스쿨에서 25년 가까이 이어지고 있는 인기 강의 '아시아의 비즈니스'Business in Asia다. 린다 림Linda Lim 교수가 담당하고 있는데, 비즈니스 스쿨에서 아시아에 중점을 둔 강의를 이렇게 오랫동안 계속하는 교수는 보기 드물다.

싱가포르 출신인 림 교수는 아시아 국가들의 정·재계에 인맥이 넓으며 국제연합이나 싱크탱크 등을 상대로 컨설팅을 하고 있다.

'유럽과 미국에서 통하는 성공의 방정식이 아시아에도 그대로 적용되는 것은 아니며, 아시아에는 아시아 나름의 성공법이 있다'는 것이 림 교수의 지론이다.

구미 특히 미국의 비즈니스 스쿨은 미국의 이익이나 미국의 관점에서 비즈니스를 다루는 강의가 많다. 하지만 림 교수는 아시아의 관점에서 비즈니스를 다각적으로 살펴볼 수 있도록 가르치고 있다.

니시카와 미유에게는 4개월에 걸친 강의 중에서 아시아를 대표하는 고급 리조트 반얀트리 호텔 앤드 리조트의 창업자인 호권핑何光平의 리더십을 다룬 강의가 특히 인상적이었다.

"반얀트리 호텔을 이용해본 적이 있는 사람 있나요?"

교수가 묻자 40명 중 두세 명이 손을 들었다. 니시카와도 그중 한 명이었다. 컨설턴트였던 니시카와는 유학 전부터 이 호텔의 사업에 관심을 갖고 직접 투숙해본 적이 있다.

"다른 호텔에 비해서 뭔가 특이한 점이 있었나요?"

니시카와는 방콕과 빈탄 섬의 반얀트리 호텔에 갔을 때를 떠올렸다.

"호텔 주위에 담장이 없는 모습이 인상적이었습니다. 호텔이 자연 속에 녹아들어 있었지요. 그리고 주변 지역 관광을 주선하고 있는 점이 흥미로웠습니다. 가령 호텔 근처에 있는 망그로브 숲에 가서 그 지역에만 전해오는 전통적인 방법으로 낚시를 체험하는 관광 프로그램도 있었습니다."

반얀트리 호텔은 '환경을 아끼고 사람들에게 자립할 수 있는 힘을 준다'는 것을 사명으로 삼고, 아시아 문화의 계승이나 환경보호운동, 지역민의 고용창출 등을 적극적으로 추진하고 있다. 그리고 창립 이래로 한결같이 지역과 함께 사업을 성장시킨다는 비전을 내걸고 있다.

림 교수는 이 회사를 CSR를 실천하는 모범적인 기업으로 소개했다.

반얀트리 호텔의 창립자 호권핑은 아시아에서 성공한 기업가로 손꼽히는 사람이다.

싱가포르에서 무역회사를 경영하는 유복한 가정에서 태어난 그는 스탠퍼드 대학에 들어갔지만 베트남 반전운동에 참가하여 퇴학당했다. 그뒤 저널리스트로서 경제지 등에서 일했는데, 선동적인 기사를 썼다는 이유로 싱가포르에서 2개월간 투옥된 적도 있었다.

호권핑은 영국 BBC와의 인터뷰에서 당시 겪었던 고초를 회상하며 "(사업이라는 형태로 표현방법은 바뀌었지만) '이상을 추구하는 자세'는 지금도 잊지 않고 있다"고 말한 바 있다. 1981년 가업에 본격적으로 뛰어들었고, 1994년에 반얀트리 호텔을 세웠다. 2013년 현재 세계 27개국에서 34개의 호텔 리소트를 운영하고 있다.

림 교수는 "아시아에서 성공하려면 각국의 제도나 문화를 존중하고 이해해야 합니다. 호권핑은 그것을 실천했다고 말할 수 있습니다"라고 호권핑을 평가한 뒤, 그의 리더십론을 소개했다.

"리더란 삶에 대한 깊은 두려움이나 불안을 '희망'으로 바꿀 수 있는 사람입니다. '이 사람을 따라가면 자신이나 가족이 좀더 나은 인생을 보낼 수 있다', '회사나 커뮤니티에서 긍지를 갖고 일할 수 있다'는 식으로 사람들에게 희망을 줄 수 있어야 합니다. 바로 이것이 제가 할 일이라고 생각하고 있습니다." (호권핑)

니시카와는 젊은 시절의 역경을 이겨내고 이제는 아시아를 대표하는 사업가가 된 호권핑의 삶을 접하고는 비로소 이상적인 리더를 만났다는 느낌이 들었다고 한다.

"유학생활을 하면서 줄곧 '나에게 리더십이란 무엇인가', '어떤 리더가 되고 싶은가'를 생각했습니다. 컨설팅 업계에서는 대체로 '장시간 노동이나 스트레스가 심한 환경을 극복해야만 부끄럽지 않은 컨설턴트가 된다'는 인식이 있습니다. 저는 거기에 왠지 모르게 의문을 품고 있었지만 제가 지향하는 리더의 모습이 떠오르지 않았습니다. 하지만 호권핑에 대해 배우면서 그의 삶에 마음 깊이 공감했습니다. '주위에 있는 직원이나 지역 사람들을 행복하게 할 수 있는 리더'야말로 제가 목표로 하는 길이라고 확신한 것입니다."

니시카와가 목표로 삼은 리더는 유럽이나 미국이 아니라 아시아에 있었던 것이다. 역경을 극복했기에 사람들을 행복으로 이끌 수 있는 리더 말이다.

미시건 강의 ②
'국제 마케팅 매니지먼트'
— 문화의 차이를 있는 그대로 받아들여라

2013년 1월에 수강한 '국제 마케팅 매니지먼트'International Marketing Management는 니시카와에게 글로벌 비즈니스를 보는 눈을 새롭게 해준 강의였다.

존 브랜치John Branch 교수는 러시아·동유럽 국가들의 마케팅 전문가다. 현지에서 EU나 정부 관련 개발 프로젝트에 종사하면서 브리티시 텔레콤이나 코카콜라, 네슬레 같은 대기업에도 컨설팅을 하고 있다.

브랜치 교수의 강의는 우선 문화란 무엇인가, 국제 마케팅이란 무엇인가 하는 정의에서부터 시작한다.

문화란 인간에 의해 창조된 모든 것이며, 일상생활에서 도움이 되는 신념, 도덕규범, 규칙 등이다. 그리고 문화인류학이란 문화를 언어, 신앙, 가치관, 의례, 사물의 소유 방법, 미의식, 교육, 사회적 기관 등의 측면에서 연구하는 학문이라고 설명해주었다.

이런 점들을 설명한 뒤에 국제 마케팅을 다음과 같이 정의했다.

"국제 마케팅이란 타문화의 시장에 진입하는 것이다."

국제 마케팅은 그 시장에 있는 소비자를 문화적 측면에서 한층 잘 이해하는 데서부터 시작된다고 교수는 말한다. 문화의 차이를 이해해야만 비로소 국내 마케팅에서도 사용되는 소비자 행동분석 등의 프레임워크를 응용할 수 있다는 것이다.

"첫날은 문화인류학 강의인 줄 알았습니다. 교수는 '카자흐스탄에서 3개월간 코카콜라 마케팅을 했을 때는……' 식으로 자신의 경험담을 들려주었는데, 연구자이면서도 현장 경험이 풍부했습니다. 각국의 문화가 어떻게 다른지에 대해서는 구체적인 사례를 들어가며 설명해주었습니다."

니시카와가 브랜치 교수답다고 생각한 강의는 러시아의 오토바이 제조회사 사례를 다룬 때였다. 러시아·동유럽 국가 전문가인 교수는 보기 드문 기업의 사례를 소개해주었다.

IMZ(현재의 우랄모터)라는 러시아 기업의 사례다.

이 회사는 우랄산맥 기슭의 이르비트에서 1939년 이래로 계속해서 오토바이와 사이드카를 제조해왔다. 처음에는 군용이었는데 2차 대전 이후에는 일반용 제품으로 전환했다. 하지만 냉전이 끝난 뒤 구미나 일본에서 고품질의 오토바이가 수입되면서, 국내에서 IMZ의 제품이 팔리지 않게 되었다. 브랜치 교수가 학생들에게 질문을 던졌다.

토론 주제
IMZ는 구미나 일본의 오토바이가 대두하는 가운데
국내외에서 어떤 전략을 취해야 하는가?

"아무리 노력해도 품질에서는 외국제품보다 떨어집니다. 회사를 매각하면 어떨까요?"

"도요타나 혼다와 제휴해서 오퍼레이션을 개선하면 좋지 않을까요?"

니시카와는 이렇게 발언했다.

"일본의 자동차 제조사에 IMZ의 불필요한 생산거점을 매각하는 것이 좋다고 봅니다. 일본으로서는 러시아에 진출할 수 있는 발판이 될 수 있어, 서로에게 이점이 있습니다."

그렇다면 실제로 이 회사는 1990년대에 어떤 결단을 내렸는가? 외국에서 판로를 개척함으로써 자력으로 소생하는 길을 선택했다. 니시카와는 그때를 회상했다.

"아무도 이 회사가 살아남을 것으로는 예상하지 못했기 때문에 학생들이 전부 깜짝 놀랐습니다. 교수는 바로 그 점을 노린 것인지도 모르지만."

그저 해외에 진출했던 것만이 아니다.

복고풍 오토바이 마니아를 위한 제품도 선보였던 것이다.

이 회사의 러시아인 경영자는 유럽에서 IMZ 오토바이가 마니아들이 몹시 탐내는 제품이라는 사실을 알게 되었다. 군용으로 개발된 역사나 브랜드는 빈티지로서의 가치를 높이고 또 비싸게 팔린다는 사실을 알았다. 그뒤 IMZ는 우랄모터로 이름을 바꾸고 유럽, 미국 그리고 일본에도 복고풍 오토바이를 수출하고 있다.

브랜치 교수는 말한다.

"이것이야말로 국제 마케팅이 성공한 사례입니다. 자사 제품의 어떤 점에서 유럽 사람들이 가치를 찾는지 철저히 조사해서 선택과 집중을 한 결과입니다."

이 강의에서는 문화의 차이나 타인과의 다른 점을 받아들임으로써 마케팅을 성공시키는 사례가 주로 소개되었다. 교수는 이어서 말했다.

"인간은 자기와는 다른 사람을 보면 '저 사람은 적이다', '저 사람은 틀렸다'고 판단하기 쉽습니다. 그래서는 안 되며, 단지 다를 뿐이라는 사실을 받아들이는 것이 중요합니다. 여러분이 앞으로 글로벌 비즈니스와 관계를 맺게 되면 자신과 가치관이 다른 사람들을 수도 없이 만나게 될 것입니다. 그럴 때는 단지 다를 뿐이라는 사실을 받아들이는 데서부터 비즈니스가 시작됩니다."

니시카와는 이 강의를 들은 뒤 일상생활에서도 남들을 대하는 법이 달라졌다고 한다.

"가령 동급생인 중국인 친구는 유복한 가정에서 자랐기 때문인지 남의 이야기는 잘 듣지를 않고 자기 이야기만 합니다. 전에는 그녀의 자기중심적인 태도에 짜증이 나곤 했는데, '이 사람은 나와는 다른 사람일 뿐이며, 그것은 그런 환경에서 자라왔기 때문이다'라고 받아들이게 되었고, 그러자 저와는 다른 점이 오히려 흥미롭게 다가왔습니다."

니시카와는 이어서 말했다.

"마케팅, 협상술 등의 강의는 어느 비즈니스 스쿨에나 있을 텐데, 하나같이 '커뮤니케이션'에 바탕을 두고 있다고 봅니다. 브랜치 교수의 강의에서는 그런 커뮤니케이션의 기본이 되는 '상대의 입장에 서서 생각하고 전달하는' 경우에 대단히 중요한 문화적인 측면에 대해 이론을 세우고 공부할 수가 있었습니다. 이것은 사업뿐만 아니라 가족이나 친구들과 대화를 나눌 때 등 모든 커뮤니케이션 자리에서 도움이 된다고 생각합니다."

니시카와 미유의 진로

2013년 7월 현재 니시카와는 일본 게임 회사의 지주회사인 스퀘어에닉스 홀딩스의 사장 직속으로서 일하고 있다.

니시카와는 '졸업 후에는 외자계 IT 기업에서 일하고 싶다'고 비즈니스 스쿨의 시험 과제 에세이에 쓴 적이 있다. 동경하던 IT 기업의 일본 지사로부터 입사 내정을 받았지만, 선택한 것은 일본 기업이었다.

전혀 예상하지 못한 선택이었다고 한다.

스퀘어에닉스 홀딩스를 택한 이유는 회사로부터 '지금 당장 해외사업에서 뛰어주기를 바란다'는 말을 들었기 때문이다. 현재는 일본과 런던 등의 해외거점을 왕래하면서 바쁜 나날을 보내고 있다.

콘텐츠 사업이라서 문화의 차이를 겪을 때가 많지만, 그럴 때마다 미시건 대학 로스 스쿨의 수업을 떠올린다.

"MBA를 취득해서 가장 크게 변한 것은 사물을 보는 눈입니다. 아시아의 비즈니스나 글로벌 마케팅을 배움으로써 사업을 전반적으로 살펴볼 수도 있게 되었고 현장의 시선으로 볼 수도 있게 되었습니다. 이제부터 악비 융사금을 갚이야 하지만 정말이지 유학가기를 잘했다고 생각합니다."

미시건 대학 로스 비즈니스 스쿨 The Stephen M. Ross School of Business at the University of Michigan
미국 미시건주 미시건 내학의 경영대학원으로, 1924년에 설립되었다. 현지연수를 중시하며, 기업에 상주해서 컨설팅을 하는 연수를 선구적으로 시작한 것으로 유명하다. 공학 및 환경학과의 제휴 프로그램도 있으며, 엔지니어 출신 학생들이 많은 점도 특징이다. 사명은 "이념과 행동을 통해서 세계에 긍정적인 영향을 주는 리더를 육성하자"이다.

니시카와 미유西川美優
1981년 요코하마에서 태어났다. 2004년 도쿄 대학 법학부를 졸업한 뒤, 아빔 컨설팅 주식회사에 들어갔다. IT 컨설턴트로서 시스템 개발에 종사했고, 2007년 아빔 M&A 컨설팅 주식회사(현 주식회사 마발파트너스 mavalpartners)로 옮겨갔다. 전략·M&A 컨설턴트로 4년간 근무하고 MBA 유학을 위해 퇴사했다. 2011년 미시건 대학 로스 비즈니스 스쿨에 유학하여 2013년 MBA를 취득했다. 현재 주식회사 스퀘어에닉스 홀딩스 사장 직속으로서 해외사업개발을 담당하고 있다.

제9장

다트머스 대학
테크 비즈니스 스쿨

글로벌 기업은 스스로를 파괴할 수 있는가?

—

리버스 이노베이션의
권위자에게
배운다

'협상술'
— 거짓말이나 공갈에 넘어가지 않는 협상술

'협상술'은 소프트스킬을 몸에 익히는 대표적인 강의로서 어느 비즈니스 스쿨에서나 인기 있는 선택과목이다.

다트머스 대학 터크 스쿨에 다니던 시미즈 마리코에게 2013년 1월부터 수강한 다니엘 페일러 Daniel C. Feiler 객원부교수의 '협상술' Negotiations 은 기억에 강하게 남아 있는 강의 중 하나다. '국제적인 협상 자리에서는 일본인인 자신의 상식이 통하지 않는다'는 사실을 절실히 깨달은 수업이 있기 때문이다.

강의는 대부분의 시간을 직접 협상하는 데 쓴다.

매번 상세하게 역할을 설정하고 협상의 주제가 주어진 다음에 1대 1 협상, 3자간 협상, 그룹 협상 등 다양한 유형의 협상을 연습한다.

MBA 강의에서 가르치는 협상술에는 크게 두 가지 유형이 있다.

첫째는 Distributive Negotiation(분배적인 협상)이다. 이것은 한정된 파이를 나누는 협상 방법이다. 승패가 확실하게 갈리기 때문에 때로는 협상이 결렬되는 것도 마다하지 않는 격렬한 협상이 된다.

둘째는 Integrative Negotiation(포괄적인 협상)이다. 서로 갖고 있는 리소스(사람, 물건, 돈 등)를 내놓으면서 양쪽에 WIN-WIN이 되는 해결책을 찾는다.

시미즈는 특히 종합부동산회사 경영자와 건설업자 간의 협상을 연기했던 강의가 기억에 선명하게 남아 있다. 시미즈는 팻이라는 종합부동산회사 경영자 역을 맡았다. 상대는 샌디라는 여성이었다(실제 역할을 연기한 것은 미국인 남학생). 시미즈에게 주어진 협상의 전제는 다음과 같다.

- 당신(팻)은 미국 소도시의 종합부동산회사 경영자다. 성실하며 사업도 별 어려움 없이 순조롭게 해나가고 있다.
- 샌디에게 20만 달러를 빌려주었는데, 현금이 필요해져서 한 번에 갚아주기를 원하고 있다.
- 샌디는 당신의 집에 세들어 살고 있으며 현재 방세가 1만 달러 밀려 있다.
- 고급 아파트를 건설 중이며 샌디의 회사에 100동 분의 내장공사를 의뢰했는데, 샌디는 제멋대로 내장을 바꿔서 20%나 높은 비용을 청구했다.
- 샌디에게 상당히 화가 나 있다.
- 샌디에게는 부동산 자산이 있다.
- 샌디는 제멋대로 행동하는 여성이며 돈 관계가 허술하다. 하지만 본래 나쁜 사람은 아니다.

시미즈는 우선 냉정하게 사실관계를 파악하는 데서부터 시작했다. 시미즈에게 가장 급한 일은 현금을 회수하는 일이었다.

그래서 다음 두 가지 점을 타협했다.

① 밀린 방세는 더 기다린다.
② 내장공사 비용이 늘어난 것도 관대하게 봐준다.

그 대신 다음 두 가지를 요구했다.

① 샌디는 부동산을 처분해서 현금으로 20만 달러를 갚는다.
② 샌디는 다음번 내장공사를 40% 할인가로 맡는다.

샌디 역할을 맡은 남성은 처음에는 돈이 없다며 버텼는데, 소유하고 있는 부동산을 쓸 기도 했다. 세밀하게 조건을 내세워 협상을 했고, 결국에는 원하는 조건대로 협상이 타결되었다.

강의 마지막에 결과를 발표했을 때 놀라운 일이 일어났다.

'샌디를 파산시켜서라도 돈을 회수하기로 했다'는 학생들이 꽤 있었던 것이다.

"전제는 작은 도시의 이야기이며, 당신은 견실한 종합부동산회사 경영자입니다. 샌디를 파산시키면 사업을 계속할 수 있을까요?"라고 교수가 말했다.

"그런 건 관계없습니다. 이 사람은 약속을 안 지키는 사람이라서 장차 돈을 갚는다는 보장이 없습니다. 무슨 일이 있어도 회수해야 합니다."

이런 대화를 들으며 시미즈는 협상 때는 서로의 인품이나 사업에 대한 생각이 겉으로 드러난다는 점을 알게 되었다.

"'파산시킨다'고 주장하는 학생도 지나치다는 생각이 들지만, 분명히 협상 중에 거짓말을 하는 사람도 있었습니다. '이런 자리에서 거짓말을 하면 향후 본인의 평판에도 영향이 있지 않을까'라는 생각이 드는데, 그런 점은 전혀 신경 쓰지 않더군요. 강의라도 사업은 사업이라고 생각하고, 협상에는 지고 싶지 않다는 느낌이었습니다. 흔히 라틴계 사람이나 미국인은 특히 더 양보하지 않는다고 하는데, 국가별 특징이라기보다는 사람에 따라 다르다는 생각이 들었지요."

이런 강렬한 성격의 사람들에게 압도되어 시미즈는 고민을 거듭한 적도 있다. 특히 '애초에 터무니없는 가격을 제시한다'는 협상술을 시도할 수가 없었다.

'난 마음이 약해서 협상술이 부족한 걸까……'

고민 끝에 다니엘 페일러 교수에게 상담을 했다.

"처음부터 터무니없는 가격을 제시하는 것을 도저히 할 수가 없습니다. 상대방에게 실례인 듯한 생각이 들어서요."

아내가 일본계 미국인이라는 페일러 교수는 이렇게 말했다.

"일본인인 마리코 씨의 문화적인 배경을 감안하면 그것은 당연한 일일지도 모르겠군요. 하지만 협상이라는 것은 서로가 만족스런 결과로 끝내는 것이 중요합니다. 설령 높은 가격으로 시작했더라도 그것이 상호간에 협상이 되어 가격이 내려가면 상대방은 만족감을 얻을 수 있겠지요. 그리고 이쪽도 처음에 예상했던 가격보다 조금 높은 가격으로 협상이 성립되는 것이죠. 이것은 결코 터무니없이 높은 가격을 제시하는 것이 아니라 '협상술'인 겁니다."

시미즈는 이 강의를 통해서 자신에게 맞는 협상 방식을 배웠다.

"저의 협상술은 상호간의 타협점을 어떻게든 커뮤니케이션으로 찾아내려는 스타일이라서, 처음부터 일방적으로 요구하는 데는 서투릅니다. 그런데 인도네시아인 친구에게 물어보았더니 아시아에서는 장기적으로 인간관계를 구축해두는 편이 중요하다고 하더군요. 그래서 협상 전에 국민성이나 인품을 확인하고 협상술을 바꾸어가면 된다고 이해했습니다."

다트머스 강의 ②
'리버스 이노베이션의 실천'
— 혁신은 신흥경제국에서 선진국으로 역류한다

2013년 4월부터 시작된 '리버스 이노베이션의 실천'Implementing Strategy 은 다트머스 터크 스쿨에서 인기 있는 강의 중 하나다.

비제이 고빈다라잔Vijay Govindarajan 교수가 가르치는 수업으로, 그는 '리버스 이노베이션'이라는 경영이론을 제창한 이노베이션론의 권위자다.

고빈다라잔 교수는 인도 출신이다. 하버드 비즈니스 스쿨을 졸업하고, 인도 경영대학원 등에서 부교수로 재직한 뒤 1985년부터 다트머스 대학에서 30년 가까이 교편을 잡고 있다. 2008년부터 2년간은 제너럴 일렉트릭GE의 사내교수 겸 주임 이노베이션 컨설턴트로서 GE의 이노베이션 개혁에 깊숙이 관여했다.

그때의 성과가 '리버스 이노베이션'이라는 콘셉트다.

그의 저서 『리버스 이노베이션』(공저)은 세계적인 베스트셀러가 되었으며, 2011년에는 Thinkers50(세계에서 가장 영향력 있는 경영사상가) 중 3위에 올랐다.

리버스란 역류를, 이노베이션이란 혁신을 의미하는데, 강의에서 교수는 리버스 이노베이션을 다음과 같이 정의했다.

> "리버스 이노베이션이란 신흥경제국에서 발견된 해결책이나 아이디어가 선진국을 비롯해 세계 전체를 개혁해가는 것이다."

이노베이션은 대체로 미국 등 선진국의 최첨단 연구소에서 나온다는 선입견이 강하다. 하지만 이 교수는 신흥경제국에서 등장해 선진국으로 역류하는 이노베이션이 있다는 것을 제창함으로써 GE를 비롯한 글로벌 기업에 큰 영향을 주었다.

고빈다라잔 교수는 다트머스 터크 스쿨의 공식 웹사이트에서 다국적기업은 현재 두 가지의 기존 관념을 재검토해야 한다고 말했다.

① 발전도상국의 경제는 선진국과 동일한 길을 걸어서 발전한다.
② 발전도상국 특유의 니즈에 따라 만든 제품이 선진국에서 팔릴

140

리 없다. 왜냐하면 선진국의 기존 제품과 경쟁할 만큼 품질 좋은 제품은 아니기 때문이다.

(다트머스 대학 터크 비즈니스 스쿨 공식 웹사이트에서 인용. http://www.tuck.dartmouth.edu/people/vg/blog-archive/2009/09/reverse_innovation_how_ge_is_d.htm)

이런 전제는 잘못된 것이며, 지금은 신흥경제국이 선진국을 따라가기는커녕 앞질러버리는 현상도 볼 수 있다고 한다.

고빈다라잔 교수는 리버스 이노베이션과 대치되는 발상으로서 '글로컬리제이션'을 들고 있다. Globe(세계)와 Localization(현지화)을 합친 조어로, 선진국에서 만들어진 제품을 개발도상국을 대상으로 개량해서 파는 전략을 말한다.

앞의 두 가지 기존 관념에 사로잡힌 기업은 해외진출을 할 때 글로컬리제이션을 하는 경향이 있다.

리버스 이노베이션과 글로컬리제이션의 큰 차이는 기업의 생각이다.

리버스 이노베이션은 '고객의 니즈에 맞는 제품을 현지에서 개발하자'는 생각이며, 글로컬리제이션은 '기존 제품을 팔기 위해서 고객을 개척하자'는 생각이다.

요컨대 리버스 이노베이션은 '신흥경제국과 함께 제품을 개발해서 발전하자'는 생각이고, 글로컬리제이션은 '신흥경제국을 착취하자'는 생각이다.

글로컬리제이션 전략을 취해온 탓에 신흥경제국 기업에 밀려서 사업이 어려워진 다국적기업으로서는 현재 발상의 전환이 요구되고 있다.

졸업한 뒤 인도네시아 자카르타에서 경영컨설턴트로 일하기로 한 시미즈에게 리버스 이노베이션은 꼭 배워두고 싶은 콘셉트였다.

결과적으로 이 강의는 시미즈의 생각을 크게 바꿔주었다.

강의는 리버스 이노베이션의 구체적인 사례와 토론을 중심으로 진행된다.

예컨대 2013년 5월 20일 강의에서는 GE 헬스케어의 초음파 진단장치 개발 및 판매 사례가 소개되었다.

이 교수는 2009년 GE에 근무할 때 이 사례를 GE의 제프리 이멜트 CEO 등과 함께 "How GE is Disrupting Itself"라는 제목의 글을 써서 〈하버드 비즈니스 리뷰〉에 발표했다. '리버스 이노베이션'이라는 콘셉트를 세계에 널리 알린 유명한 사례다.

GE는 1990년대에 중국 시장에 대형 초음파 진단장치를 팔려고 했다. 주요 목표고객은 병원이고 제품은 미국이나 일본에서 개발된 것으로, 중국 시장에 맞춰 저렴하게 나온 제품이었다. 그런데도 가격이 지나치게 비싸서 전혀 팔리지 않았다.

그래서 2002년에 GE는 중국 현지 팀의 손으로 시장에 맞는 제품을 처음부터 새로 개발하려고 시도했다. 개발 권한을 위임하고 목표고객도 현지 팀이 결정했다. 그 결과 저가의 포터블 초음파 진단장치를 개발하는 데 성공했다. 목표고객은 대형 병원에서 중국 전역의 소규모 진료소로 변경되었다. 2007년에는 더욱 저가의 제품을 만들었는데, 중국에서 GE의 초음파 진단장치 매출은 급격하게 늘었다.

GE는 중국에서 개발한 이 진단장치를 2008년에는 미국에서 판매하기 시작했다. 시장조사 결과, 구급차 안이나 응급실 등에서 니즈가 높다는 사실을 알았으며, 그쪽을 목표고객으로 설정했던 것이다. 결국 그해에 포터블 초음파 진단장치의 매출은 전세계에 걸쳐 2억 7,800만 달러까지 증대했다.

강의에서 토론의 쟁점이 된 것은 '역류'시킬 때의 판단이었다. 학생들이 잇달아 발언했다.

"GE의 사례는 우연히 성공한 것이며, 아무리 아이디어가 좋아도 선진국에 도입하기는 어렵지 않을까요?"

"선진국과 신흥경제국은 시장이 다릅니다. 프로젝트를 실행할 때 어느 성노나 위험을 감수해야 한까요? 이 문제를 어떻게 결정하지요?"

시미즈는 당시를 회상했다.

"강의가 끝난 뒤 일본인 동급생과 '일본 기업이 리버스 이노베이션을 실행할 수 있을지'에 대해 의견을 나누었습니다. 권한을 위임해서 처음부터 신흥경제국의 팀에 맡길 수 있을 것인가? 신흥공업국에서 선진국으로 비즈니스를 역류시키자는 생각을 받아들일 수 있을까? 교수도 강조했지만, 결국 리버스 이노베이션은 선진국 기업이 어느 정도나 위험을 무릅쓰고 실행할 수 있는지가 포인트인 것입니다."

비즈니스를 신흥경제국에서 선진국으로 역류시키자는 발상은 인도 출신인 고빈다라잔 교수였기에 나올 수 있었다. 마지막 강의에서 교수는 학생들에게 자신의 인생론을 말했다.

"이제 곧 졸업을 하는 여러분에게 해주고 싶은 말이 있습니다. 저는 학생들한테서 '피부색으로 차별받은 경험이 있느냐?'는 말을 들으면, 항상 이런 이야기를 해줍니다."

교수는 이어서 말했다.

"우리의 삶은 두 필의 말이 끄는 마차를 타고 달리는 것과 같습니다. 하나는 자신이 컨트롤할 수 없는 '외부요인의 말', 또 하나는 자신이 컨트롤할 수 있는 '내부요인의 말'입니다. 자기가 제어할 수 없는 말은 어떻게 할 수 없으니 거기에는 힘을 쓰지 말아야 합니다. '나는 인도인이라서 승진이 안 된다', '나는 피부색이 검어서 월급이 오르지 않는다'고 탄식해본들 그것이 사실인지는 알 수가 없으며, 사실이라고 해도 자신이 컨트롤할 수 있는 일이 아닙니다. 자신이 컨트롤할 수 있는 말에 포커스를 맞추세요. 그렇게 하면 적극적으로 노력할 수 있으며, 인생을 좀더 즐길 수 있을 것입니다."

시미즈 마리코의 진로

시미즈 마리코는 2014년 1월, 세계적인 경영컨설팅 회사인 자카르타오피스에 일본인으로는 최초로 입사한다.

2013년 7월 현재는 인도네시아어 어학교에 다니면서 〈파이낸셜 타임스〉 주최의 'FT Global Fund for Children MBA Challenge'라는 컨설팅 프로젝트에 참가하고 있다. '글로벌 펀드 포 칠드런'이라는 NPO가 자금을 제공하고 있는 신흥경제국의 소셜 비즈니스를 비즈니스 스쿨의 학생이나 졸업생 등이 무상으로 컨설팅해준다.

"다트머스 대학 터크 스쿨에 유학해서 빈곤이나 환경 등 지구 차원의 문제에 관심이 높아졌습니다. 사회에 공헌할 수 있는 기회가 주변에 널려 있었고, 친구들도 당연한 듯이 봉사활동에 나섰습니다. 다트머스에서는 '졸업생은 배움을 사회에 환원할 책임이 있다'고 가르칩니다. 컨설팅 회사에 입사하기 전까지 수개월 동안 할 수 있는 일을 해보려고 합니다."

내정된 회사가 많았지만 그중에서 자카르타오피스를 선택한 것은 다트머스에서 받은 영향 때문이라고 할 수 있다.

"제가 제일 열심히 도전할 수 있는 환경을 택했습니다. 언어도 문화도 처음부터 배워나가야 했고, 회사의 독자적인 컨설팅 기법도 익혀나가야 합니다. 그래도 인도네시아는 리버스 이노베이션의 현장이기도 하고 발전 중인 국가라서 얻는 것이 상당히 많을 것으로 봅니다. '무슨 일이든 처음부터 도전하는 정신'은 다트머스 대학에서 배운 커다란 자산입니다."

다트머스 대학 터크 비즈니스 스쿨 The Tuck School of Business at Dartmouth
미국 북동부 뉴햄프셔주에 있는 다트머스 대학의 경영대학원이다. 다트머스 대학은 아이비리그 중 하나다. 1900년에 설립된 이 경영대학원은 한 학년 270명의 소인수제로, 가족적이고 협조적인 교풍과 튼실한 졸업생 네트워크로 널리 알려져 있다. 학생의 취직률이나 졸업 후에 기부를 하는 비율은 미국에서도 최상위권이다. 사명은 "탁월한 스승이며 사상의 리더인 교수진을 갖추고 미래의 비즈니스 리더를 육성하기 위해 세계 최고급의 교육을 시행하자"이다.

시미즈 마리코清水万莉子
1985년 사이타마현에 태어났다. 10대 초에는 베트남 호치민에서 생활했다. 2007년 게이오 대학 법학부를 졸업하고 바클레이즈 캐피털 증권회사에 입사했다. 영업부, 금융파생상품 업무부에서 4년간 근무한 뒤 2011년에 퇴사했다. 그해 다트머스 대학 터크 비즈니스 스쿨에 유학했다. 2013년 MBA를 취득했으며, 2014년 1월 경영컨설팅 회사(자카르타오피스)에 입사할 예정이다.

제10장

—

듀크 대학
퓨쿠아 비즈니스 스쿨

프리젠테이션은 목소리와 제스처가 거의 전부다

듀크 대학에서 배운
최고의
프리젠테이션 기술

'경영자로서의 커뮤니케이션'
― 애플사 CEO도 수강한 프리젠테이션 강의

여름에 인턴십을 실시하는 기업들 사이에서는 '듀크 대학 퓨쿠아 비즈니스 스쿨의 학생은 프리젠테이션을 잘한다'며 듀크 대학 학생을 높이 평가한다고 한다. 그 이유를 유학생인 오하시 도모히로에게 물어보았더니 듀크 대학에서는 1년차 필수과목에 프리젠테이션을 특별히 훈련시키는 강의가 있다고 한다.

대표적인 강의가 '경영자로서의 커뮤니케이션'Management Communication이다. 애플사 CEO 팀 쿡도 학생일 때 이수했던 강의로, 듀크의 명물 필수과목이다. 이 분야의 권위자인 마크 브라운 교수가 강의 전체를 총괄한다. 오하시의 학급을 담당한 교수는 존 낸스John Nance였다.

이 강의는 정원이 20명인 소인수제로, 학생들은 매 강의마다 반드시 5분 정도 발표를 해야 한다. 첫 강의에서는 '자기소개', 다음에는 '자신이 좋아하는 기업' 등 간단한 주제로 시작해서 회를 거듭할수록 그룹 프리젠테이션, Q&A 세션, 즉흥 프리젠테이션 등 난도가 높아지게 구성되어 있다.

2011년 9월의 첫 수업은 2001년에 스티브 잡스가 ipod을 전세계에 발표했을 때 사용한 프리젠테이션 영상으로 시작했다. 듀크 대학은 애플사의 현 CEO인 팀 쿡의 모교인 만큼, '프리젠테이션의 본보기는 스티브 잡스'라고 하는 것 같다.

강의가 끝난 뒤 오하시는 뜻밖에도 미국인 학생 역시 프리젠테이션에는 서투르다는 점을 알았다. 미국인은 하나같이 스티브 잡스처럼 프리젠테이션을 잘한다고 생각했는데 큰 착각이었다.

"처음에는 얼굴이 벌개져서 힘겹게 발표하는 사람, 목소리를 떨면서 말하는 사람 등 프리젠테이션을 제대로 하지 못하는 학생들이 수두룩했습니다. 미국인은 프리젠테이션을 잘한다는 선입견이 있었는데, 그것은 기업이나 학교에서 훈련받은 능숙한 사람들을 주로 보아왔기 때문입니다. 평범한 학생들은 우리 일본인과 별반 다르지 않았습니다."

교수가 몇 번이고 강조해서 가르치는 프리젠테이션 기법은 다음과 같다.

① 먼저 인상적인 물건이나 영상을 보여준다.
② 제스처와 목소리가 무엇보다도 중요하다.
③ 간결한 말로 심플하게 전달한다.
④ 길어도 30분쯤에서 끝낸다.

①의 "프리젠테이션을 시작할 때 인상적인 물건이나 영상을 보여준다"는 프리젠테이션의 기본이다.

가령 스티브 잡스가 ipod를 발표했을 때의 영상을 보면, 처음에

ipod을 보여주면서 '이렇게 작은데도 이렇게 많은 노래가 들어간다'는 점을 집중적으로 어필하고 있다.

TED(새로운 아이디어의 프리젠테이션 기회를 제공하는 비영리단체)가 배포하는 프리젠테이션 비디오를 봐도 강한 인상을 주는 화면이나 영상에서 시작한다.

②를 설명할 때 교수는 놀라운 데이터를 소개했다.

프리젠테이션을 할 때 언어가 지닌 영향력은 7%에 불과하며, 나머지 93%는 제스처와 목소리로 결정된다는 것이다(55%가 제스처·시선끌기, 38%가 목소리).

"교수는 손을 공룡처럼 흔드는 습관을 'T-REX', 다리를 앞뒤로 벌리고 흔드는 동작을 '살사댄스'라고 불렀습니다. 일본인처럼 한곳에 멈추어 서서 프리젠테이션을 하는 방식도 안 좋지만 반대로 지나치게 왔다갔다하면서 발표를 해도 안 된다고 합니다. '겉으로 보이는 모습'에 무척 엄격했습니다."

③의 '심플하게 전달한다'가 의외로 어렵다. 아무래도 슬라이드에 되도록 많은 정보를 담으려고 애쓰게 마련인데, 프리젠테이션에서 슬라이드는 어디까지나 보조수단이다. 말이나 글은 별 효과가 없기 때문에 글은 되도록 짧은 편이 좋다고 한다.

④의 프리젠테이션 시간은 벤처캐피털이 대상이라면 10분 정도가 적절하다. TED에서 행해지는 프리젠테이션은 길어야 18분이다. 인간의 집중력은 그리 오래가지 못한다. 그래서 일방적으로 이야기하는 시간을 가급적이면 짧게 하고, 그 대신 질의응답 시간을 많이 갖는

편이 좋다.

이 강의는 남들이 세세하게 지적해주는 것이 특징이다.

때로는 비디오로 촬영해서 살펴보면서 서 있는 위치나 시선 끌기, 마이크 건네는 법, 제스처, 말하는 속도까지도 교수나 팀원들이 세밀하게 지적해준다.

그렇지만 피드백의 기본은 '우선은 아낌없이 칭찬해준다'이다. "마음에 걸리는 점은 칭찬을 한 뒤에 '건설적으로' 지적한다"가 듀크 대학의 방식이라고 한다.

"처음에 아래를 보고 있던 모습이 거슬렸어요. 그런데 후반에는 앞을 보면서 왼쪽에서 오른쪽으로 확실하게 시선을 맞추더군요."

"처음 시작할 때는 아주 좋았어요. 그런데 이 부분은 말하는 속도가 좀 빨랐어요."

오하시도 수업을 들으면서 듀크의 '칭찬 문화'에 의욕이 생겨 팀원을 상대로 특별훈련을 거듭했다.

마지막 강의에서는 팀별로 컨설팅 프로젝트의 결과를 발표했다. 오하시의 팀은 '멕시코 요리 패스트푸드 체인점 〈치폴레〉의 성장전략'을 주제로 삼았다.

사람들의 관심을 끌기 위해서 성장전략의 핵심 상품인 '미니 부리토'(토르티야에 콩과 고기 등을 넣어 말아서 먹는 소형 부리토)를 실제로 만들어 강의실에서 보여주었다.

"이것이 저희가 만들고 싶어하는 상품입니다."

오하시는 20분간의 팀 프리젠테이션 중 3분을 맡아서 했다. 미니 부리토가 회사 전체의 매출에 어느 정도나 기여하는지를 설명하는 재무예측 부문이다.

"재무 부문은 엑셀 수치를 나열해가며 설명하기 쉬운데, 강의에서 배운 점을 살려서 되도록 심플하게 핵심이 되는 계산식만 딱 하나 보여주었습니다. 제스처를 써가며 '이 미니 부리토를 아침 메뉴로 넣으면 매출이 2억 달러, 이익이 8,000만 달러 증가합니다'라고 발표했죠."

오하시의 팀은 밤늦게까지 연습을 거듭했기 때문에, 도입부에서 질의응답까지 발표를 순조롭게 진행해서 교수한테 높은 평가를 받았다.

"프리젠테이션은 사전준비와 특별훈련이 전부라고 해도 과언이 아닙니다. 원고도 메모도 없는 것이 이쪽 프리젠테이션의 기본이라서, 프리젠테이션 코멘트는 물론이고 예상되는 질문에 대한 답, 뜻밖의 사태에 대응할 코멘트 등 모든 것을 암기한 뒤 강의식으로 들어갔습니다."

오하시는 여름방학 때 외자계 제약회사에서 인턴으로 일하면서 새삼 이 강의의 위력을 느꼈다.

"영어로 프리젠테이션을 할 기회가 있었는데 저 자신도 놀랄 정도로 자연스럽게 진행할 수 있었습니다. 듀크에서 한 주에 두 번, 4개월에 걸쳐서 특별훈련을 한 성과가 느껴졌습니다."

영어 프리젠테이션은 무엇보다도 훈련을 거듭하는 것이 중요하다. 타고난 재능이나 영어 능력을 핑계삼지 말고 성실하게 노력하는 것이 중요하다는 점을 배운 수업이었다.

'관리회계'

— 공인회계사도 감탄한 '숫자의 이면'을 읽는 눈

2013년 1월에 수강한 '관리회계'Managerial Accounting에 대해서 오하시는 "이 강의는 회계에 대한 저의 기존 인식을 크게 바꾸어준 강의입니다"라고 말했다.

듀크 대학에서 정상의 인기를 자랑하는 셰인 디콜리Shane S. Dikolli 부교수가 전체를 총괄하는 강의로, 오하시의 학급은 스코트 디렝Scott D. Dyreng 부교수가 담당했다.

일반적으로 회계 수업은 지루하다고 하지만, 듀크 대학의 회계 강의는 오락적인 요소를 가미해서 학생들에게 인기가 높다고 한다.

예컨대 강의의 시작과 중간 휴식 시간에는 강의와 관련 있는 록뮤직을 흘려보내서 강의실 분위기를 흥겹게 만들어준다.

"승자와 패자가 확실하게 갈리는 사례를 들면서 강의를 진행했을 때는 벡 한센의 '루저'가 나오더군요. 이제까지 일본의 대학에서 각종 회계 강의를 들었는데, 이 강의는 회계를 즐겁게 가르치려고 시도함으로써 신선한 느낌을 주더군요."

'관리회계'는 공업부기나 원가계산 등 실무를 가르치는 강의가 아니다. 경영자는 재무상의 수치를 보면서 어떻게 해석하고 결단을 내리는지를 배우는 강의다. 특히 회사 내의 각 부문과 해외지사의 실적 평가를 어떤 식으로 공평하게 하는지 등을 집중적으로 배웠다.

오하시는 테디베어 인형을 만드는 회사를 모델로 진행된 강의가 지금도 기억에 뚜렷하게 남아 있다. 설정은 다음과 같다.

사례
B사는 1970년대에 창업한 테디베어 인형 제조회사다. 1990년대에 들어서 매출은 향상되고 있지만 이익이 감소하면서 실적 부진에 빠졌다. 그러던 중 이사회가 열려서 원료조달, 마케팅, 제조 부문 책임자의 실적을 각각 평가하게 되었다. 누군가 책임을 지고 그만두어야 한다. 만약 당신이 이 3명 중 1명이라면 자기가 이끌던 부문의 실적을 어떻게 설명할 것인가?

교수가 CEO 역할을 맡고, 학생들이 세 부문의 책임자를 연기했다.

조달 부문을 맡은 학생은 자기변호를 했다. 조달 부문은 가격만 중시하면서 품질이 떨어지는 원료를 조달하고 있었다. 단가가 낮을수록 높이 평가받아 책임자의 보너스가 올라가기 때문이다.

"우리는 가능한 한 저렴한 원료를 확보하기 위해 날마다 노력하고 있습니다. 제조 부문의 노력이 부족한 게 아닐까요?"(조달 부문)

제조 부문은 조달 부문에서 품질이 나쁜 재료를 제공받았다. 불량품이 많이 섞여 있는 탓에 재발주를 되풀이하게 되어 원료비가 오히려 증가했다.

"이 테디베어는 손으로 직접 만들고 품질이 좋다는 점이 세일즈 포

인트입니다. 저품질 원료 조달이 제조 부문의 비용을 높이고 있습니다."(제조 부문)

조달 부문의 학생은 이번에는 마케팅 부문의 낮은 가격대에 대해 공격했다.

"애초에 온라인에서 저렴한 가격으로 판매하기 시작한 것이 조달 부문을 압박하게 된 원인입니다. 낮은 가격으로 판매를 하면, 저희도 저렴한 가격으로 재료를 구해와야 한다고 생각하게 되지 않겠습니까?"(조달 부문)

끝으로 마케팅 부문의 학생이 반론을 제기했다.

"목표 매출액을 달성하기 위해서는 가격을 낮추어서 제품을 더 많이 팔 필요가 있었습니다."

CEO역을 맡은 교수는 회의 끝에 조달 부문 책임자를 해고하는 결정을 내렸다.

"조달 부문 책임자를 해고한 이유는 회사 전체를 생각하지 않고 톱매니지먼트의 팀워크를 흐트러뜨리는 발언을 줄곧 했기 때문입니다. 조달 부문은 품질을 고려하지 않고 저렴한 재료를 계속 구입하여 회사 전체를 위기에 빠트리는 악순환을 초래했습니다. 그런데도 조달 부문 책임자는 자기 입장만 강변할 뿐, 아무런 개선책도 제시하지 않으려 했습니다. 그래서 저는 CEO로서 조달 부문의 책임자를 해고하는 결단을 내렸습니다. 이것이 현실세계에서 일어나는 일입니다. 이 사회에서는 전체를 두루 살펴보고 나서 발언해야 합니다. 설명방식에 따라서는 이처럼 해고사유가 되는 경우도 있는 것입니다."

세계 최고의 MBA는
무엇을 가르치는가

오하시는 말한다.

"회사는 전체최적을 지향해야 하는데, 조달 부문 역할을 맡은 학생은 조달 부문의 이익과 자기 보너스만 생각했습니다. 교수는 다른 학급의 강의에서는 다른 부문의 책임자를 해고했다고 하니, 실적을 전체최적의 관점에서 올바르게 이해하고 설명하는 능력이 요구되는 연습이었습니다."

이 강의로 오하시는 회계상의 숫자를 보는 시각이 크게 바뀌었다고 한다.

"공인회계사로서 감사를 했을 때는 회계규칙에 맞는지 여부가 숫자를 보는 포인트였습니다. 그런데 이 강의를 듣고 나서 숫자의 이면이 보이게 되었습니다. 숫자 하나로 사람이 해고를 당하기도 하고, '이 부문과 이 부문이 이렇게 흥정은 했구나'라든지 '이 비용을 어느 쪽에 붙이느냐에 따라 이 사람의 보너스 금액이 달라지는구나' 하는 점을 보면서 회계가 실은 무척 인간적이라는 사실을 알았습니다. 무엇보다도 전체최적의 관점에서 수치를 읽어야 한다는 점을 배운 것이 가장 큰 수확이었습니다."

오하시 도모히로의 진로

2013년 7월, 오하시는 주식회사 벤처 잉크를 설립해서 회계사무소의 오너가 되었다.

유학 중에 인디언 스쿨 오브 비즈니스(ISB)에 교환학생으로 유학했기 때문에 한때는 인도에서 일본 기업의 아시아 진출을 지원하는 컨설팅 회사를 운영해볼까 생각했지만, 우선은 일본에서 회계사무소를 차린 것이다.

"유학을 한 뒤에 비로소 안 사실인데, 미국이든 인도든 우수한 학생은 벤처기업에서 일하거나 스스로 창업하는 길을 택합니다. 인도에서 만난 기숙사 룸메이트도 회사를 차렸는데, 듀크 대학과 ISB에서 창업을 노리는 학생들의 들끓는 에너지를 접하는 중에 저 역시 창업에 도전하고 싶어졌습니다."

오하시는 미국이 아닌 일본에서 회사를 차렸다.

"일본이 활기를 되찾을 수 있도록 일본에서 글로벌 벤처기업이 많이 나오게 하는 것이 저의 사명이라고 생각했습니다."

오하시는 사실 유학 전에 이미 개인 회계사무소를 경영한 경험이 있었다.

하지만 유학 전과 달리 유학 후에는 지향하는 바가 바뀌었다고 한다.

"이 사무실을 거점으로 중소기업 지원사업을 시작하려고 합니다. 특히 아시아 기업이 일본으로 진출할 때 도움을 주고 싶습니다. 또한 듀크 대학에서 구축한 네트워크를 살려서, 중소기업을 지원하는 회계 소프트웨어의 개발에도 도전하고 있습니다. 이런 미래를 그릴 수 있게 된 것도 MBA 유학 덕분입니다. 합격하기 전까지 고생을 많이 했지만, 지금은 MBA 유학을 해서 정말 다행이라고 생각하고 있습니다."

듀크 대학 퓨쿠아 비즈니스 스쿨 Duke University's Fuqua School of Business
미국 동부 노스캐롤라이나주에 있는 듀크 대학의 경영대학원이다. 1969년에 설립된 신생 비즈니스 스쿨이며, 학생 수는 한 학년 약 450명으로 소인수제로 운영되고 있다. 헬스케어, 환경 분야 등의 프로그램이 충실한 것으로도 유명하다. 애플사의 CEO 팀 쿡이 졸업한 학교이며 애플사에 취직하는 학생들이 많다. 글로벌 프로그램에도 적극적으로 투자하고 있으며, 2014년부터 중국 곤산崑山 캠퍼스가 개교할 예정이다.

오하시 도모히로大橋智宏
1980년 기후현에서 태어났다. 공인회계사. 2003년 히토쓰바시 대학 상학부를 졸업한 뒤 주오아오야마 감사법인(현 아라타 감사법인)에 들어갔다. 국내 상장기업 및 외자계 기업의 회계 감사를 담당하며 7년간 근무한 뒤 퇴사하여 독립했다. 2011년 듀크 대학 퓨쿠아 비즈니스 스쿨에 유학하여 2013년 MBA를 취득했다. 그해에 주식회사 벤처 잉크를 창업하여 현재 대표이사 겸 사장직을 맡고 있다.

세계 최고의 MBA는
무엇을 가르치는가

제11장

버클리 대학
하스 비즈니스 스쿨

특허·기술을 끌어안고만 있지 말고 밖으로 내놓자

오픈 이노베이션의
권위자에게
배운다

'글로벌 비즈니스 개발'
— 나이지리아에서 겪은 특별한 연수

근래에 미국의 비즈니스 스쿨에서는 신흥경제국의 개발 지원이나 사회적 기업의 창업 교육에 힘을 기울이고 있다.

버클리 대학(UC 버클리교) 하스 비즈니스 스쿨에서도 '글로벌 비즈니스 개발'International Business Development은 학생의 절반가량이 수강하는 인기과목이다. 버클리에 유학 중이던 후지와라 겐도 2012년 1월부터 이 강의를 들었다.

강의수강을 원하는 학생이 다음 세 가지 항목에 따라 희망사항을 제출하면, 대학 당국에서 프로젝트를 할당해준다.

① 영리/비영리
② 희망하는 지역
③ 모험적인 요소를 희망하는 정도
　　(5=위험요소 최대, 1=위험요소 최소)

참가자의 절반은 아프리카, 라틴아메리카, 인도 등의 신흥경제국을 희망한다.

후지와라는 ①비영리, ②아프리카, ③위험요소 최대인 5를 선택했다. 주어진 프로젝트는 '나이지리아에서 초등학교 급식의 로지스틱스를 개선하고, 현지 여성이나 농가의 고용창출에 힘쓰기'였다.

고객은 런던을 거점으로 활동하는 NPO로, 현지에서 이 프로젝트에 종사해왔다. 비용은 고객이 부담하고, 현지에서의 필드워크를 포함하여 5개월간 학생들만으로 프로젝트를 수행한다.

처음 4개월은 고객의 경영 방식이나 시장조사 방식 등 컨설팅 업무의 기본을 배우고 마지막 한 달은 현지에 가서 일한다.

담당교수는 크리스티나 라우브Kristiana Raub 겸임교수이다. 후지와라 팀의 비즈니스 조언자는 개발 지원 전문가인 조지 샤펜버거George Scharffenberger이다.

두 교수의 가르침 중에서 후지와라에게는 다음 세 가지가 기억에 뚜렷이 남아 있다.

- 고객의 기대치와 자신들이 프로젝트로 달성할 수 있는 바를 일치시킨다.
- 개발도상국에 체재하면 많은 문제들이 눈에 들어와서 당초의 과제보다 컨설팅 주제를 넓히고 싶어진다. 하지만 함부로 과제를 확대시켜서는 안 되며, 한정된 기간 내에 성과를 낼 수 있는 과제에 주력해야 한다.
- 국제개발의 과제는 대부분 '계획과 실행'에 관련된 것이다. 컨설팅 프로젝트는 사업계획을 세우는 것이 중심이 되게 마련인데, 프로젝트의 결과가 어떤 행동으로 이어지고, 그 지역이나 조직

에 어떤 영향을 초래하는지를 고려해야 한다.

2012년 5월, 후지와라는 세 명의 팀원과 함께 나이지리아 서부의 오순으로 갔다. 세계유산으로 인정받은 원시림인 '오순-오소그보 신성 숲'Osun-Osogbo Sacred Grove으로 유명한 주다.

숙박시설에서는 샤워할 물도 나오지 않는 경우가 많았다. 곤충들이 떼로 날아다니고 하루에 세 번은 정전이 되는 척박한 환경이었다.

게다가 네 명의 팀원 중 후지와라를 포함한 세 명이 복통으로 고생했다. 그중 한 미국인 여성은 말라리아에 감염되었다고 한다. 팀원들이 모두 며칠 사이에 삐쩍 말라버렸다.

"모험적인 요소가 강한 프로젝트를 스스로 희망했지만 상상을 초월하는 나날이었습니다. 어중간한 마음으로는 국제개발협력 사업에 뛰어들어서는 안 되겠구나 싶었지요."

후지와라는 우선 초등학교 급식과 관련이 있는 사람들을 찾아다니며 취재하는 일부터 시작했다. 현지의 농가, 식재료를 구입하는 여성 그룹, 주 정부, 초등학생 등 150여 명을 만나 인터뷰를 시도했다. 이 일은 TV방송국이나 신문에서 "미국에서 우수한 학생들이 오순 주를 위해 찾아왔다"고 크게 보도했다.

조사 결과, 농가 사람들이 '학교급식'이 돈이 된다는 생각을 꿈에도 하지 않고 있다는 점을 알게 되었다. 농산물을 시장에서 팔리는 만큼만 수확해서 파는 것이 일반적이며, '서로 협력해서 대량으로 팔거나' '창고에 비축해서 정기적으로 수입을 얻는' 방법이 있다는 사실을 모르고 있었다. 그래서 후지와라와 동료들은 '농협의 설립·강화', '정부가 창고를 빌려주는 시스템' 등을 고객에게 제언했다. 최종보고회 때는 오순 주의 부지사도 찾아왔으며, "귀중한 제언을 실현할 수 있도록 노력하겠다"는 성명을 언론에 발표하기도 했다.

"지금 돌이켜보면 제법 성취감이 컸던 프로젝트였습니다. 하지만 이 일을 계속 진행할 수 있겠느냐고 물으면, 그렇다고 자신 있게 대답할 수가 없습니다. 그 정도로 척박한 환경이라서, 내심으로는 하루속히 연수가 끝나기를 바랐을 정도입니다. 그런데 스페인인 동료는 아무리 배가 아파도 웃으면서 일하더군요. 국제개발협력 분야는 제가 관여할 데가 아니라고 느낀 한 달이었습니다."

자신에게 맞는 분야와 맞지 않는 분야, 그리고 한계를 아는 것 또한 비즈니스 스쿨 교육 중 하나다.

버클리 강의 ②

'오픈 이노베이션 개론'
― 왜 구글의 직원은 로켓을 쏘아올리는가?

2012년 8월, 후지와라는 이노베이션에 대한 인식을 크게 바꾸어준 강의를 만났다. 헨리 체스브로Henry Chesbrough 겸임교수의 '오픈 이노베이션 개론'Topics in Open Innovation이다. 버클리가 자랑하는 인기강의로, 엔지니어로서 연구개발에 종사해온 후지와라도 고대하고 있었다.

체스브로 교수는 '오픈 이노베이션'이라는 개념을 제창한 인물로, 세계적으로 유명하다. 하드디스크 제조로 알려진 퀀텀과 관련된 회사에서 사업개발 책임자로 근무한 뒤, 1997년에 하버드 비즈니스 스쿨의 조교수로 부임했다. 그리고 2003년부터 버클리 대학 오픈 이노베이션 센터의 이사직을 맡고 있다. 2003년에 출간된 저서는 베스트셀러가 되었다.

이 교수는 저서에서 오픈 이노베이션을 다음과 같이 정의하고 있다.

"오픈 이노베이션은 기업 내부와 외부의 아이디어를 유기적으로 결합시켜 가치를 창조하는 것을 말한다." (헨리 체스브로, 『오픈 이노베이션』)

체스브로 교수의 말에 따르면, 오픈 이노베이션은 종래의 클로즈드 이노베이션('권리'나 '특허'를 내부에서만 활용하여 이익을 올리는 비즈니스 모델)과는 정반대되는 개념이다. 회사 내에서 개발한 기술이나 지적 재산을 회사 외부에 개방하여 활용하게 하고, 그럼으로써 시장을 확대하여 이익을 올리자는 발상이다.

오픈 이노베이션은 특히 실리콘밸리에서 새로운 경영이념으로 주목받고 있다.

체스브로 교수의 강의는 수강생이 40명 정도로 적다.

매번 초청강사가 와서 강연을 하고, 그것을 토대로 교수가 토론을 진행해가는 방식이다. 시스코, 구글, 듀폰 등의 오픈 이노베이션 담당자가 나와서 구체적인 사례를 들려준다.

2012년 10월 1일의 수업은 후지와라의 인상에 강하게 남아 있다.

그날은 구글의 슬라브 페트로프Slav Petrov가 게스트로 와서 프리젠테이션을 했다.

페트로프는 구글의 상급 연구 과학자다. 자연언어처리, 그러니까 인간의 말을 컴퓨터로 처리하는 기술의 전문가다.

구글은 달 표면 무인탐사 컨테스트의 스폰서가 되는 등 후지와라의 전문분야인 우주사업에도 적극적으로 관여하고 있다. 전부터 후지와라는 '어떻게 우주사업을 비즈니스로 연결시키고 있는 건지' 늘 궁금했다고 한다.

"미국에는 취미로 로켓을 발사하는 사람들의 단체가 여럿 있는데, 네바다주에서 열린 행사에 참가해봤더니 거기에 구글의 직원이 와서 실제로 로켓을 쏘아올렸습니다. 업무의 일환으로 하고 있다고 해서 참 재미있는 회사라는 생각이 들었죠."

프리젠테이션에서 강조된 것은 구글의 이노베이션을 장려하는 기업문화였다.

- 이노베이션 문화를 육성하기 위해 회사 전체가 열심히 노력하고 있다.
- 매니저는 새로운 아이디어에 대해 되도록 '예스'라고 말한다.
- 20% 규칙(근무시간의 20%를 자기가 좋아하는 프로젝트에 사용한다).

- 아이디어 중심이며 연구팀을 그때그때 조직한다.
- 인재를 중시하는 유연한 조직.

  (버클리 대학 공식 웹사이트에서 인용. http://openinnovation.
  berkeley.edu/speaker_series.html)

후지와라는 페트로프에게 질문을 했다.

"구글의 직원들은 20% 규칙을 사용해서 일하고 있기에 밖에서 보면 전혀 사업과 관계가 없는 분야에도 도전하고 있는 듯이 보입니다. 이런 것을 어떻게 회사 안에서 정당화시킬 수 있는 거죠?"

페트로프는 이렇게 대답했다.

"사업과 관계가 없는 듯이 보일지도 모르지만, 구글의 인프라를 통해 사전에 시장조사를 아기모 왜시 '이것은 비지니스로 이어진다'는 점을 보여줄 필요가 있습니다. 하지만 사업성만 강조하면 재미가 없죠. 그래서 '매니저는 가급적이면 예스라고 대답하는' 것입니다."

다른 학생들도 페트로프에게 질문을 했다.

"바텀업 방식으로 개발을 진행하면 각 팀이 동일한 분야를 개발하는 경우도 있습니다. 이렇게 겹치는 문제는 어떻게 조정합니까?"
(학생)

"코드를 쓰기 전부터 디자인 방침 등을 문서로 작성하여 사내에서 공유합니다. 다만 비슷한 주제에 매달리는 사람을 찾는 것이 목적이기 때문에 의무는 아닙니다. 서로 발견하게 되면 당사자들끼리 조정하는 것이 규칙이지요." (페트로프)

페트로프의 말에 따르면, 구글은 큰 회사이지만 아직 스타트업과 같은 분위기가 남아 있다고 한다. 2명에서 5명이 모여 개발을 하고, 개발 중에는 사내에서 정보를 공유하며, 어느 정도 서비스가 가능해지면 서비스를 개시해서 유저로부터 직접 피드백을 받는다고 한다.

체스브로 교수는 강의에서 항상 '완벽을 꾀하지 말고 우선 고객의 목소리를 들어보는 것이 중요하다'고 강조한다. 요컨대 실패를 해도 좋으니 작업이 어느 정도 진척되면 제품화해서 팔아보는 것이다.

후지와라는 말한다.

"실리콘밸리에서는 Minimum Viable Product(최소한의 요건을 갖춘 시제품)로 '우선 시장의 니즈를 알아보는 것이 일반적입니다. 완전하게 마무리하기 전에 일단 최소한의 요건을 갖춘 제품을 만들어놓고 고객의 니즈에 맞춰서 개량해가는 것입니다. 시장을 통해 제품을 완성해간다는 발상이죠."

물론 여기에는 구글처럼 '실패를 해도 다음번에 열심히 하면 된다'는 식의 이노베이션을 장려하는 기업문화가 반드시 필요하다.

체스브로 교수는 IBM이나 P&G 등, 이른바 대기업병을 벗어나 실적의 V자 회복을 이룬 기업의 공통점으로 '오픈 이노베이션을 성공시킨' 점을 들 수 있다고 한다.

예컨대 P&G에는 'Connect+Develop'(커넥트 앤드 디벨로프)라는 웹사이트가 있다. 이것은 P&G가 자사에 필요한 기술, 서비스, 디자인 등을 폭넓게 모으는 한편, 사내자산을 회사 밖에서 활용하도록 하기 위한 사이트다. P&G는 일본의 유니참과 제휴해서 전세계에 청소

용품을 판매하는 등, 2001년 이래 사외제휴를 적극적으로 추진하여 실적을 비약적으로 향상시켰다.

물론 CEO가 톱다운 방식으로 회사 전체의 오픈 이노베이션 전략을 추진했기 때문에 가능한 일이었다.

후지와라는 총 12회에 걸친 강의를 듣고 "'최초로 발명하거나 개발한 사람'이나, '독점적인 기술'이 돈을 벌 수 있는 시대는 끝났다"는 것을 절감했다.

이노베이션이란 기술을 혁신하는 것일 뿐 아니라 고객 중심의 발상으로 비즈니스 모델을 혁신하는 것이다.

"기업 외부에 새로운 사업을 창출할 수 있는 기회가 많다는 사실을 깨달았습니다. 글로벌 기업의 경영자들은 '새로운 아이디어를 받아들이지 않으면 뒤처진다'는 위기감을 갖고 오픈 이노베이션을 실행하고 있지요. 이것이 기업의 성장으로 이어지고 있습니다."

또한 과거 엔지니어였던 후지와라는 느긋하게 접근하는 자세의 중요성을 배웠다. 일본에서는 대기업일수록 연구개발과 기술개발 과정이 빈틈없이 정비되어 있어서, 회사 내의 의사결정으로 어느 기술이 제품화되는지가 정해진다.

그런데 회사 내의 생각과 회사 밖의 니즈는 다르다.

그런 과정에서 채택되지 않은 기술 중에 보물이 있는 경우도 종종 나타난다. 회사 내의 의사결정이나 과정에 집착한 나머지 새로운 사업을 창출할 기회를 놓치는 경우도 있는 것이다. 고기능·고품질을 중시하는 일본기업은 오픈 이노베이션에 저항감을 갖고 있을 것 같은

데, 과연 일본에 이런 발상을 침투시킬 수 있을까?

이런 의문에 대해서 체스브로 교수는 이렇게 말한다.

"기술은 단지 갖고 있기만 해서는 가치가 없습니다. 제품이나 서비스 등으로 세상에 나와야 비로소 사람에게 도움이 되는 것이죠. 기술과 사회를 잇는 역할을 하는 것이 오픈 이노베이션입니다."

오픈 이노베이션은 엔지니어뿐만 아니라 회사 전체가 추진해가야 할 일이라는 점을 실감한 강의였다.

버클리 강의 ③
'새로운 기술의 마케팅'
— 소극적으로 임하지 말고 크게 생각하라

헨리 체스브로 교수와 함께 버클리의 간판 교수라고 불리는 사람이 앤드루 아이작스Andrew Isaacs 겸임교수다.

아이작스 교수는 이전에 NASA의 과학자였다. 실리콘밸리의 하이테크 기업들을 거쳐 현재는 버클리에서 교편을 잡으면서 테크놀로지 프로그램의 책임자 등의 여러 요직을 맡고 있다.

아이작스 교수는 '새로운 기술의 마케팅'Marketing Emerging Technologies이라는 강의를 맡고 있다. 엔지니어링 대학원생과 비즈니스 스쿨의 학생이 함께 수강하며, '새로운 기술을 개발했을 때 어떻게 시장에 내놓는 것이 바람직한가'를 토론하는 수업이다.

강의는 사례 토론과 사례의 주인공에 의한 강연으로 구성되어 있다. IT 마케팅의 권위자로 캐즘이론Chasm theory으로 유명한 제프리 무어 같은 기업가가 다수 방문한다.

2012년 11월에 수강한 강의는 지금도 후지와라의 기억에 남아 있다. 식수 탱크에 설치하는 믹서를 개발해서 판매하는 팍스 워터 테크놀로지라는 회사에서 있었던 이야기다.

이 회사는 2006년에 설립되었다. 모회사가 물을 효율적으로 순환시키는 프로펠러식 장치를 개발하여 특허를 획득했는데, 그 특허를 이용해 사업을 전개하는 자회사로서 설립되었던 것이다. CEO 피터 피스크Peter Fisk는 버클리 대학 하스 스쿨의 졸업생이다.

창업 당시 피스크가 고민을 거듭했던 것은 사업 모델이다. 이 특허는 수많은 사업을 창출할 수 있었다. 라이선스로도 돈을 벌 수 있고, 이 장치를 탑재한 제품을 만들어서 판매할 수도 있다. 교수는 학생들에게 질문을 던졌다.

토론 주제
만약 당신이 그때의 CEO였다면 어떤 판단 기준으로,
어떤 사업 모델을 선택하겠는가?

"라이선싱 사업이 좋다고 봅니다. 초기 투자도 필요 없고 곧바로 이익을 낼 수가 있습니다."

"컨설팅 비즈니스도 좋지 않을까요? 안정된 수입을 올릴 수 있고 리스크도 적습니다."

학생들 중에는 '이익'을 판단 기준으로 내세워 사업 모델을 택하는 의견이 많았다.

토론이 끝나고 CEO인 피터 피스크가 등장했다.

피스크가 선택한 것은 식수 탱크의 수질을 유지할 믹서를 만들어서, 그것을 시 수도국이나 수도회사가 판매하는 식수 탱크에 설치해서 판매하는 사업이었다.

"이익만 따지면 산업용 라이선싱 사업이 나았는지도 모릅니다. 하지만 저는 세상에 직접적으로 영향을 줄 수 있는 사업을 하고 싶었습니다. 물은 모든 사람에게 꼭 필요합니다. 돈벌이도 중요하지만 가급적이면 많은 사람들의 생활에 영향을 줄 수 있는 사업을 생각했습니다."

피스크는 식수 탱크 사업이야말로 사람의 생명을 구하는 사업이라고 단언했다.

"중동의 어느 지역에서는 바닷물로 식수를 만드는 장치가 하나밖에 가동되지 않아, 그 장치가 멈추면 지역 주민들의 목숨이 위태로워진다고 합니다. 아프리카에는 지금도 깨끗한 물을 구할 수 없는 지역이 허다합니다. 우리의 기술을 사용하면 물을 오랫동안 깨끗하게 보존할 수 있으며, 이런 사람들의 목숨을 구할 수가 있습니다."

아이작스 교수는 말한다.

"특허를 통해 효율적으로 돈을 번다든지 하는 작은 일은 생각하지 말기 바랍니다. 창업을 할 때 필요한 것은 투자가와 고객을 감동시킬 '스토리'입니다. 사업 모델도 중요하지만 어떻게 하면 세상에 좋은 영향을 미칠 수 있는지, 그 스토리를 생각하세요."

후지와라는 이 강의에서 이노베이션은 기술을 '혁신'할 뿐만 아니라 인간의 생활도 '혁신'하는 사업을 창출한다는 사실을 배웠다고 한다.

마지막 강의에서 교수가 한 말이 지금도 후지와라의 마음속 깊이 남아 삶의 양식이 되고 있다.

"여러분의 인생은 여러분이 '무엇에 관심을 갖는가'로 결정됩니다. 사소한 일에 신경 써서 안전하게 소극적으로 사는 것도 좋지만, 좀더 큰 일, 사회적으로 의미가 있는 큰 문제를 생각하세요. 그러기 위한 지식이나 기술은 지금 비즈니스 스쿨에서 익히고 있으니, 진로를 선택할 때는 역사적으로 올바른 쪽에 몸을 두세요. 구체적으로 말하자면 성장기업, 또는 일대 전환기를 맞이한 기업입니다. 역사의 흐름을 타세요. 그리고 세계에 한층 더 큰 영향을 주십시오."

후지와라 겐의 선택

후지와라는 버클리 대학을 졸업한 뒤 2013년 8월 미쓰이물산에 입사했다. 이 노베이션 추진실에서 신규사업 개발을 담당하고 있다. 이직을 선택한 이유는 무엇보다도 이노베이션과 관련한 사업에 종사하고 싶었기 때문이다.

체스브로 교수와 아이작스 교수에게는 사업뿐만 아니라 인생에서도 이노베이션을 일으키는 것이 중요하다는 것을 배웠다. 이노베이션에는 실패도 따르게 마련이지만, 실패를 할 수 있는 환경을 자기 스스로 얼마나 만들어낼 수 있느냐가 성공의 열쇠다.

후지와라는 유학생활 자체를 '실패할 수 있는 환경'이라고 생각하고, 재학 중에 시행착오를 거듭했다고 한다.

"아프리카의 개발 원조 프로젝트에 참여하거나 수준 높은 비즈니스 컴피티션에 도전하기도 하면서, 여하튼 실패를 해도 좋으니 이제까지 해본 적이 없는 일을 경험해보자는 생각에서 여러모로 노력해왔습니다. 취직활동을 할 때도 컨설팅 회사에서 벤처기업까지 각종 기업에 원서를 제출했습니다."

그 결과 선택한 것이 이노베이션과 직접 관계할 수 있는 미쓰이물산이었다. 하지만 학생시절부터 전공이었던 우주사업에 대한 정열은 식지 않았다. 현재의 꿈은 일본에서 우주사업을 시작하는 것이다.

"단 한 번뿐인 인생, 제 자신이 그리는 미래를 향해 경력을 쌓아가야겠다고 생각합니다. 몇 번이고 실패할 수도 있고 몇 년이 걸릴지도 모릅니다만, 일본에서 우주사업을 일으켜 그것을 국제적으로 펼쳐가는 것이 저의 목표입니다."

버클리 대학 하스 비즈니스 스쿨 The Haas School of Business at the University of California Berkeley
미국 캘리포니아주 버클리 대학(UC 버클리교)의 경영대학원이다. 1898년에 설립된 유서 깊은 비즈니스 스쿨이며, 노벨경제학상 수상자가 교수로 재직하고 있다. 한 학년 240여 명의 소인수제이고, 테크놀로지, 창업, NPO 등 폭넓은 분야에서 인재를 배출했다. 사명은 "기존의 비즈니스를 재정의할 리더를 육성하자"이다.

후지와라 겐藤原謙
1982년 오이타현에서 태어났다. 2008년 도쿄 공업대학 대학원 기계우주시스템 전공을 수료했다. 재학 중에 소형위성개발 프로젝트를 진행했으며, 2008년 우주항공 연구개발기구(JAXA)에 취직했다. 2011년 버클리 대학 하스 비즈니스 스쿨에 유학했고, 풀브라이트 장학생이었으며, 2013년에 MBA를 취득했다. 같은 해 8월, 미쓰이물산 주식회사에 입사하여 이노베이션 추진실에서 신규사업 개발을 담당하고 있다.

제12장

—

런던
비즈니스 스쿨

브랜드는 콘셉트와 스토리가 전부다

|

유럽인 특유의
'역사와 전통을 파는 법'

'브랜드 매니지먼트'

— 버버리와 카사렐은 어떻게 부활했는가?

토론 주제
프랑스 브랜드 카사렐의 향수인
아나이스아나이스Anaïs Anaïs와 노아NOA의 광고를
떠올려보십시오. 1990년대 후반에 제작된 CM이지만,
둘 다 '바람'이 모티프입니다.
여기서 바람은 이 브랜드의 무엇을 나타낼까요?

이런 물음에 답을 해가는 창의적인 강의가 런던 비즈니스 스쿨의 '브랜드 매니지먼트'Brand Management이다. 이탈리아 출신인 시모나 보티 Simona Botti 부교수가 담당하고 있다.

　루이뷔통, 샤넬, 자가, 포르쉐 등을 보면, 유럽인은 역사나 전통을 소재로 브랜드의 이미지를 강화시키는 데 뛰어나다는 사실을 알 수 있다.

　데즈카 겐스케는 런던 비즈니스 스쿨LBS에서 공부할 때 주로 유럽의 브랜드 마케팅 기법을 배우려고 애썼다. 2012년 4월부터 듣기 시작한 '브랜드 매니지먼트'는 마케팅에 대한 생각을 바꿔준 강의라고

한다.

"일본 제조회사에서 일할 때는 기술과 제품을 중시하는 마케팅이 무엇보다 우선이라고 여겼습니다. 그런데 유럽에서 브랜드 마케팅은 우선 콘셉트를 중시했습니다. 마케팅에 대한 저의 인식을 크게 바꾸어준 강의였지요."

위에서 언급한 카사렐의 CM으로 돌아가보면, 소녀 쪽으로 부는 바람은 '소녀의 내면세계'를 나타내는 것이라고 한다.

강의에서 이 CM을 소개한 이유는 CM 영상이 카사렐 브랜드의 부활을 상징하고 있기 때문이다.

프랑스의 화장품회사 로레알 그룹을 대표하는 브랜드인 카사렐은 1978년에 아나이스아나이스를 출시했다. 1980년대 후반에는 신상품 루루Lou Lou를 내세워 유럽의 향수시장을 석권했다. 고객을 10대 등 젊은층으로 한정시킨 것이 성공의 비결이었다.

그런데 1990년대에 들어서서는 경쟁 브랜드에 밀려 힘을 잃으면서 매출이 급감했다. 그리고 90년대 후반에는 브랜드의 부활을 꾀할 수밖에 없었다.

당시 유행했던 캘빈 클라인과 같은 섹시한 유니섹스 노선으로 전환할 것인지, 아니면 소녀 노선으로 갈 것인지, 콘셉트에 대한 검토를 철저하게 했다.

그 결과 카사렐은 주요 목표고객인 10대를 겨냥하는 '소녀 노선'으로 되돌아갔고, 매출은 V자 회복을 했다.

이 CM은 그런 원점 회귀를 상징한다고 한다. 유행 중인 '섹시함'을 받아들이긴 했지만, 바람으로 소녀다움을 유지해서 섹시한 이미지가 전면에 드러나지 않게 하고 있다.

카사렐은 "시장의 변화에 맞춰가되 브랜드의 정체성을 지킴으로써 성공했다"는 평을 받고 있다.

보티 교수는 말한다.

"브랜드는 쌓아올리는 데는 오랜 시간이 걸리지만, 아주 쉽게 희석화Dilution되기도 합니다. 그리고 가장 어려운 점은 희석화된 브랜드를 '부활'시키는 일입니다."

카사렐의 경우는 가장 어렵다는 '부활'에 성공한 사례였다. 한편, 브랜드의 희석화를 막은 성공적인 사례로는 버버리를 예로 들 수 있다.

버버리는 2003년 당시 세계 각국으로 라이선싱 사업을 확대하면서 수익을 손쉽게 향상시키고 있었다. 그런데 라이선싱 사업으로 여러 종류의 제품이 대량으로 판매되자 세계 어디서든 버버리의 체크 무늬가 넘쳐나면서 점차 브랜드의 희석화가 진행되었다.

토론은 다음과 같은 주제로 출발했다.

토론 주제
버버리는 2003년 당시 어떤 전략을 취해야 했는가?

학생들 사이에서 의견이 엇갈렸다.

"수익이 향상되고 있으니 이 노선을 계속 유지하는 편이 낫지 않을까요? 이 시점에 방향 전환을 하는 것은 상책이 아닙니다."

"천만에요. 현재의 이익보다 브랜드의 희석화 쪽이 심각한 문제 아닐까요? 지나친 라이선싱 사업은 재검토해야 합니다."

"브랜드를 지키자는 말은 듣기에는 좋지만, 순조롭게 진행되는 사업을 버릴 수도 없잖아요?"

결과적으로 버버리는 라이선싱 사업을 재검토하게 된다. 2006년에 새 CEO와 크리에이티브 디렉터가 취임해서 브랜드를 본사에서 일원적으로 관리하게 되었다.

체크무늬를 포인트로 구사하여 고전적인 느낌을 유지하면서도 디자인에 신선함을 가미해서 브랜드를 되살렸다고 한다.

데즈카는 말한다.

"사람들은 상품 자체 이상으로 브랜드 가치에 돈을 지불한다는 사실을 알았습니다. 미국의 경우처럼 단기적인 수익에만 매달리다보면 브랜드는 갈수록 희석화됩니다. 유럽의 메이커들은 브랜드 가치가 수익의 핵심이라는 사실을 잘 알고 있기 때문에 장기적인 전략을 세웁니다."

카사렐이나 버버리뿐 아니라 유럽의 브랜드에는 하나같이 콘셉트와 스토리가 있다. 데즈카는 이 '눈에 보이지 않는 것을 파는' 기법은 일본에서도 응용할 수 있다고 생각하고 있다.

"유럽의 기업은 역사와 전통을 어떻게 브랜드 가치로 승화시키는가, 그리고 그것을 고객을 상대로 어떻게 '체험'하게 해서 파는지를 가르쳐준 강의였습니다. 유럽은 관광이든 패션이든 역사와 전통을 사업적으로 활용하는 데 능숙합니다. 유럽 각국이 서로 경쟁하면서 국가를 브랜딩해온 결과가 아닐까요? 이런 마케팅 기법을 일본에서도 살려보려고 합니다."

LBS 강의 ②

'성장 비즈니스 매니지먼트'
― 작은 샌드위치 가게가 세계적인 체인점이 되기까지

데스카가 2013년 1월에 이수한 '성장 비즈니스 매니지먼트'Managing the Growing Business는 창업에 대한 생각을 크게 바꾸어준 수업이었다.

"창업에 관한 비즈니스 스쿨의 강의라면 페이스북이나 아마존 등 크게 성장한 IT 기업을 다루게 마련이잖아요. 그런데 이 강의는 동네 샌드위치 체인점이나 스페인의 가죽제품점과 같은 소규모 사업을 통해, 현실적인 창업방식과 사업을 성장시키는 경영법을 배우는 수업이었습니다."

담당교수는 루퍼트 머슨Rupert Merson 겸임부교수와 키스 윌리Keith Willey 겸임부교수였는데, 둘 다 영국인이었다.

머슨 교수는 옥스퍼드대학을 졸업한 뒤 런던 비즈니스 스쿨이나 인시아드INSEAD 등에서 성장 중에 있는 패밀리 비즈니스나 소규모 비즈니스 매니지먼트를 전문으로 가르쳐왔다.

윌리 교수는 런던 비즈니스 스쿨의 졸업생으로, 창업가를 지원하는 투자가이기도 하다.

데즈카는 이 강의에서 소개된 사례 중에 샌드위치 체인점인 프레타망제의 경우가 특히 인상적이었다. 프레타망제는 1986년 당시 나이 스물셋이었던 줄리언 멧칼프가 대학친구인 싱클레어 비첨과 함께 창업한 회사다.

창업 동기는 무척 단순했다.

당시 런던의 사무실 거리에는 가족이 경영하는 소규모 샌드위치 가게밖에 없어서, 점심시간이면 어느 가게 앞이든 장사진을 이루었다. 그런 모습을 보고는 '줄을 서지 않아도 되는 샌드위치 가게'를 차리면 어떨까 하는 생각이 들었다고 한다.

그래서 줄을 서지 않고 바로 살 수 있는 포장된 수제 샌드위치를 팔기 시작해 대성공을 거두었다.

프레타망제는 2013년 현재 세계 전역에 295개 점포가 있으며, 매출이 3억 8,000만 파운드에 이르는 대형 체인점이 되었다.

강의시간에는 20년 가까이 이 회사에서 일하는 사이드 터크햄이 와서 강연을 했다. 현재는 영국 전역의 오퍼레이션 책임자를 맡고 있는데, 그는 자신이 실제로 경험한 이야기를 들려주었다.

"옥스퍼드대학 졸업생이나 하버드 비즈니스 스쿨 졸업생 등의 엘리트가 CEO가 되었을 때는 사업이 원활하게 진행되지 않았습니다."

"도쿄 진출은 실패했지만 파리에서는 사업이 의외로 순조롭게 진행되고 있습니다."

"맥도널드에서 자금을 제공받은 때가 있는데, 공교롭게도 분쟁이 일어나 꽤나 고생했습니다."

회사가 성장하자 두 창업자는 주식의 일부를 사모펀드에 매각하고, 현재는 경영에 직접적으로는 관여하지 않고 있다고 한다. 둘 다 초밥 체인점 등 다른 사업을 시작하고 있다.

머슨 교수는 말한다.

"좋은 창업자와 좋은 경영자는 각각 필요한 능력이 다릅니다. 창업자는 비전을 제시하면서 뭔가를 창조하는 능력이 뛰어나고, 경영자는 그 비전을 토대로 실천해나가는 능력이 탁월합니다. 창업자 유형은 대부분 자신보다 능력이 좋은 사람을 고용하지 않고 또 남에게 일을 전적으로 맡기지두 무하기 때무에, 창업자가 경영자가 된다는 것은 어느 의미에서는 하나의 도전인 셈입니다."

데즈카는 스스로를 경영자 스타일이라고 한다.

"창업자가 0을 1로 만드는 사람이고 경영자는 1을 10으로 만드는 사람이라면, 저는 경영자 유형이 아닐까 싶습니다. 하지만 창업이라고 해도 다양한 방법이 있어서, '기존의 사업을 매입하는' 것도 하나의 방법이라고 이 강의에서 배웠습니다. 요컨대 어느 유형에 속하든 자기가 하고 싶은 바를 가장 성과적으로 자기답게 해나가면 된다는 걸 실감했지요."

데즈카 겐스케의 진로

2013년 8월, 데즈카는 라쿠텐에 입사해서 인터넷 쇼핑몰 라쿠텐의 기획부문에서 일하기 시작했다.

경영컨설팅 회사 등으로부터 입사 내정을 받았지만 라쿠텐을 선택한 이유는 라쿠텐이 역동적으로 사업을 펼치고 있기 때문이다.

"대학동창이 라쿠텐에서 일하고 있는데, 사업이 스피디하게 전개되더군요. 그 모습에 반해서 '이 활력 넘치는 성장산업에서 일하고 싶다'는 생각이 든 것이 라쿠텐에 입사하게 된 이유입니다. 라쿠텐은 해외진출에도 적극적인데, 가령 라쿠텐 인도네시아를 통해서 일본 소매 점포들을 상대로 인도네시아 진출 기회를 제공하기도 하기 때문에, LBS에서 배운 점을 살려서 앞으로는 '일본을 파는' 데 조금이라도 공헌할 생각입니다."

런던 비즈니스 스쿨에 유학했기에 이런 결정을 내릴 수 있었다고 한다.

"비즈니스 스쿨의 학생은 모두 선택받은 우수한 사람들입니다. 그런 사람들 속에서 어떻게 저 자신을 차별화해나갈지를 고민했지요. 일본에서는 올라운드 플레이어가 우대받지만, 런던 비즈니스 스쿨에서 '자신이 가장 잘하는 곳에서 강한 영향을 끼치며 끝까지 해나가면 된다'는 생각을 배웠습니다. 성공하든 실패하든 유럽인들처럼 인생을 즐기며 살아가려고 합니다."

런던 비즈니스 스쿨 London Business School
영국의 런던에 있는 경영대학원으로, 국립런던대학 칼리지 중 하나다. 1964년에 설립되었으며, 〈파이낸셜 타임스〉의 세계 MBA 랭킹에서는 항상 5위 안에 드는 학교다. 런던 도심에 있으며, 파이낸셜 분야와 마케팅 분야가 특히 유명하다. 유럽 이외의 지역에서 유학 온 학생들의 비율이 약 60%로, 다양한 국적의 학생들로 구성되어 있는 점이 특징이다.

데즈카 겐스케手塚健介
1983년 도쿄에서 태어났다. 교세이暁星고등학교와 도쿄 대학 법학부를 거쳐 2005년 후지필름 주식회사에 입사했다. 기록 미디어 제품의 영업·마케팅과 화장품 아스타리프트의 해외사업을 기획하여 진행하면서 6년간 근무한 뒤 퇴사했다. 2011년에 런던 비즈니스 스쿨에 유학했고, 2013년에 MBA를 취득했다. 같은 해 8월, 라쿠텐 주식회사에 입사했다.

세계 최고의 MBA는
무엇을 가르치는가

제13장

인시아드 INSEAD

엘리트들은 왜 '실패'를 무릅쓰는가?

—

프랑스에서
알게 된
실패의 힘

'조직행동'

— 조기에 실패해서 빨리 회복하라

유럽을 대표하는 비즈니스 스쿨 인시아드INSEAD의 캠퍼스는 프랑스 풍텐블로에 있다.

파리에서 전철로 1시간 걸리는 풍텐블로는 드넓은 숲과 세계유산인 풍텐블로 궁으로 유명한 도시다.

INSEAD에는 기숙사가 없기 때문에 학생들은 학교 주변에서 집을 빌려 생활한다. 유학생인 요시다 가요는 입학 전에 우연히 그 지역 명사의 데거태에 딸려 있는 별장을 빌릴 수 있게 되어, 거기에서 유학생활을 시작했다.

2012년 8월, INSEAD의 입학 오리엔테이션은 프랑스의 학교답게 재치 있는 인사로 시작되었다.

초반에 피터 젬스키Peter Zemsky 교수는 INSEAD에서 이루어지는 학습의 핵심인 그룹워크에 대해 설명했다.

"여러분의 그룹은 실패하도록 구성되어 있습니다. 실패를 극복하고 다시 일어서는 비결은 조기에 실패해서 빨리 회복하는 것이겠죠."

INSEAD에서는 처음 4개월 동안 거의 모든 과제물을 5~6명으로 구성된 그룹 단위로 제출한다. 과목에 따라서는 시험도 그룹으로 치르고 평가받는다. 그룹의 멤버는 국적이나 직업 등이 겹치지 않도록 학교측에서 짜준다.

요시다는 말한다.

"INSEAD에서는 금융이나 마케팅 등 비즈니스 스쿨의 기초적인 학문도 배우지만, 팀워크나 커뮤니케이션 기술에 대해서도 그 이상으로 배웁니다."

'여러분의 그룹은 실패하도록 구성되어 있다'는 말을 절실하게 느낀 것은 입학한 지 얼마 안 지나서 과제를 하기 위해 팀원들이 모인 때였다.

요시다의 팀은 인도인 남성, 프랑스인 남성, 미국인 여성, 레바논 남성, 호주인 남성으로 구성되었는데, 대부분 20대 후반이었다.

"9시에 집합인데 레바논 학생이 9시 30분에 오더군요. 첫날부터 티격태격했습니다."

팀이 꾸려진 지 얼마 안 지난 2012년 9월에 요시다의 팀은 '조직행동'Organizational Behavior 강의에서도 실패를 체험하게 된다.

이 강의는 로드릭 스와브 부교수와 마크 모텐센 부교수가 공동으로 가르치는 INSEAD의 필수과목이다.

강의는 인터넷상으로 5명이 에베레스트 등정에 도전하는 연습부터 했다. 비즈니스 스쿨의 조직행동 강의에서는 빼놓을 수 없는 시뮬레이션 연습이다.

베이스캠프에서 4개의 캠프를 지나서 6일 동안에 정상까지 올라가야 한다.

5명의 멤버에게 주어진 역할은 각각 다음과 같다.

- 리더
- 의사
- 환경운동가
- 사진가
- 마라톤 선수

요시다는 마라톤 선수 역할을 맡았고, 호주 출신인 워렌이 리더 역할을 맡았다.

처음에는 우선 각자 자기 나름의 '에베레스트 등정의 목적'과 '개인적인 사정'을 이해한다. 그뒤 베이스캠프에 도착할 때마다 다음 정보가 주어진다.

- 날씨
- 건강상태
- 물, 식료품, 의약품
- 걷는 속도
- 그날 당신의 특수한 사정

베이스캠프에 도착하면 각자 더 올라갈 것인지, 그 지점에서 멈출 것인지, 아니면 내려갈 것인지를 결정해야 한다. 멤버들이 모여 PC 화면을 앞에 두고 시간이 제한된 가운데 결정해야 한다.

6일 동안 반드시 같은 날에 전원이 모여 함께 행동할 필요는 없지만, 최종적으로는 전원이 등정하고 구조대를 요청하지 않은 팀이 가장 높은 점수를 획득할 수 있다.

요시다의 팀은 제4캠프까지는 어렵사리 모두 다 도착했다. 하지만 정상을 얼마 안 남기고 모두들 건강상태가 나빴다.

리더인 워렌이 20개의 산소 봄베를 각자의 건강상태에 따라 분배했다.

요시다(마라톤 선수 역)는 심각한 고산병에 걸려서 다섯 개 반이 필요했다.

"다섯 개 반이 필요합니다."

요시다가 부탁했더니 나머지 멤버들이 이구동성으로 '왜 그렇게 많이 필요하냐'며 따지고 들었다.

결국 요시다는 다른 팀원들을 설득하지 못하고 강요에 못 이기다시피 해서 봄베 다섯 개로 등정하게 되었다.

20개 중에 4분의 1 이상을 자신이 사용하는 것에 저항감이 있었으며, 마라톤 선수이니 괜찮으리라는 선입견도 작용했다. 무엇보다도 다섯 개 반을 강경하게 주장하면 '건강상태가 그렇게도 나쁘면 등반하지 않아도 된다'는 말을 들을까봐 두려웠다.

그 결과 요시다는 정상에 당도하기 직전에 쓰러져서 구조대를 부르게 되었고, 거기서 게임은 끝났다.

"전적으로 제 잘못이에요. 나중에 다른 팀원들의 정보를 확인해봤더니 다들 좀더 적은 봄베로도 등정할 수가 있었습니다. '아무래도 다섯 개 반이 필요하겠다'고 왜 좀더 강하게 주장하지 못했을까요? 왜 다른 사람에게는 몇 개가 필요한지 솔직하게 물어보지 못했을까요? 제4캠프까지 가는 과정에서 이러저런 문제들이 일어나, 다른 멤버들과의 신뢰관계가 무너진 것이 원인이었습니다."

이 연습에서 끝까지 등정할 수 있었던 팀은 전체의 1/3에 불과했다.

그 정도로 어려운 연습이었지만, 자기 탓에 등정하지 못한 터라 팀 전원에게 상당히 미안했다고 한다.

이 수업을 통해서 요시다가 배운 점은 두 가지다.

하나는 고정관념이 올바른 판단을 방해한다는 점이다. 시뮬레이션 연습이 진행되면서 '의사는 의료에 대해 누구보다도 잘 안다', '마라톤 선수는 누구보다도 체력이 강하다'는 상식이 연거푸 뒤집어졌다.

"'이런 기업의 사람은 이럴 거이라는 식의 편견에 사로잡혀 있으면 정보를 공유하는 것을 게을리하게 됩니다. 그리고 롤 플레이 연습인데도 불구하고 서로 평소에 알고 지내던 팀원의 성격을 겹쳐놓고 보아서, 마지막 날에도 '가요는 평소처럼 너무 신중하게 움직이고 있는 것'이라고 판단했던 점이 실패로 이어졌습니다."

또 하나는 자신의 성격을 객관적으로 파악해야 한다는 점이다. 이 연습에서는 위험성을 낮게 예측하는가 하면, 자기 권리를 강하게 주장하지 않는 경향이 자기에게 있다는 사실을 깨달았다.

"다섯 개 반이 필요한데 다섯 개면 된다고 했던 것은 일본인으로서의 제 성격이 표출된 것인지도 모릅니다. 다른 멤버들은 각자 자신의 권리를 주장했는데 말입니다. 시뮬레이션이라고는 해도 각자의 성격이 드러나는 연습이었습니다."

조직행동 강의에서는 학기 중반에 '팀워크를 되짚어보는' 연습이 이루어졌다. 요시다의 팀은 6명으로, 팀 내에서 이미 수없이 충돌하고 있었다.

"특히 저는 호주 사람인 워렌과 종종 의견 대립을 겪었습니다."

워렌은 INSEA에 입학하기 전에 중국의 NPO 법인에서 인재육성 컨설팅 일을 했다. 또한 '사람에게 흥미가 있다'고 할 정도로 사람에 대한 관심이 많아서, 심리학이나 조직행동론에도 일가견을 갖고 있었다.

"워렌과는 달리 투자은행 출신인 저는 팀에 대해 '효율'을 요구하기 일쑤여서 그룹워크를 할 때도 저도 모르는 사이에 시큰둥한 태도를 취하는 경우가 많았다고 생각합니다. 그런 태도로 워렌의 방침에 이견을 내놓는 바람에 충돌을 한 것이었죠."

이런 두 사람 사이에서 중개인 역할을 한 쪽은 제일 나이가 많은 인도인 남성이었다. '조직행동' 강의에서도 객관적으로 다음과 같이 피드백을 해주었다.

"저에게는 '가요는 뭔가에 대해 설명할 때 결론을 서둘러 내리려다보니 표현이 빈약해지는 경향이 있어요. 그래서 특히 오해가 빚어지기 쉬운 글로벌 비즈니스 자리에서는 설명이 지나치다 싶을 정도로 의사표현을 충분히 하는 편이 좋아요'라고 조언을 해주었습니다. 그리고 워렌에게는 '당신은 중국에서 현지 직원을 통솔해본 경험이 있어서 그런지, 항상 자신이 리더십을 발휘하면서 주위를 움직여야 한다는 책무감에 사로잡혀 있어요. 학생들끼리 대등한 자리에서 그런 태도는 반감을 살 수 있지 않을까요?'라고 지적해주었지요. 그의 적확한 조언이 계기가 되어, 그뒤로는 팀이 점차 원활하게 굴러가기 시작했습니다."

당초에 충돌했던 워렌과는 이 일을 계기로 사이가 좋아졌다. 한 발 물러서서 차분하게 대해보았더니 사실 '감정적이다'고 느껴진 발언도 그룹 전체를 고려해서 한 말이라고 받아들일 수 있었다.

"그룹으로 과제를 해나가는 과정에서 '인도인은 숫자에 강할 것이다', '컨설턴트 출신이니 프리젠테이션을 잘할 것이다' 등으로 무심코 고정관념을 갖고 대하게 되었습니다. '상대를 판단하기 전에 우선 고정관념이나 편견에 사로잡혀 있는 자신을 알아채는' 것의 중요성을 INSEAD에서 배웠지요. 일본이라면 '그 정도는 참아라', '알아서 눈치채라'는 식으로 말하면서 부드럽게 넘어가는 경우도 있겠지만, 유럽에서는 그렇게 되지 않는다는 것을 강하게 느꼈습니다. 날카롭게 부딪칠 정도로 논쟁을 벌임으로써 비로소 알게 되는 경우도 있는 겁니다."

"실패를 극복하고 다시 일어서는 비결은 조기에 실패해서 빨리 회복하는 것이다."

이 말을 절감한 수업이었다.

'매니지먼트의 심리학'
― 심리적 요인을 찾아내서 자신을 바꾸자

요시다의 뇌리에 가장 깊숙이 남아 있는 강의는 '매니지먼트의 심리학'Psychological Issues in Management이다. 이름대로 심리학적인 측면에서 리더로서의 자기 내면을 이해하는 수업으로, INSEAD 특유의 강의다.

담당교수는 제니퍼 페트리글리에리Jennifer Petriglieri인데, 뒤에 소개할 하버드 비즈니스 스쿨의 잔피에로 페트리글리에리Gianpiero Petriglieri 부교수의 아내다. 2013년 현재는 부부가 둘 다 하버드를 떠나 INSEAD로 돌아와서 'INSEAD의 보물 부부'로 유명하다고 한다.

교수는 2011년에 INSEAD에서 조직행동 박사학위를 취득했는데, 박사과정을 이수하면서 두 아이를 낳았다. 워크 라이프 밸런스를 스스로 체현하고 있는 것이다.

요시다의 말에 따르면, 강의는 마치 제니퍼 교수에게 심리치료를 받는 것 같았다고 한다. 그의 인품에서 자연스럽게 배어나오는 듯한, 마음을 울리는 내용이었다고 한다.

2013년 5월에 시작된 강의의 전반기에 주어진 주제는 다음과 같았다.

영화 〈킹스 스피치〉(2010년 상영)를 강의소재로 활용했다.

영화에는 주인공이 말더듬이가 되는 원인으로 작용했던 유아시절의 체험을 언어치료사에게 토로하는 장면이 있다. 교수의 말에 따르면 모든 습성이나 버릇에는 그 배경이 되는 심리적 요인이 있다고 한다. 이 경우에는 '자신은 형보다 뛰어나서는 안 된다'는 압박감이 말더듬이가 된 심리적 요인이라고 설명했다.

강의시간에는 2인 1조가 되어 심리적 요인을 찾아내는 연습을 했다. 크게 네 가지 질문에 따라 강의를 진행했다.

① 자신이 전부터 바꾸고 싶어했지만 바뀌지 않는 습성이나 버릇은 무엇인가요?

② 바뀌지 않는 것을 상징하는 행동은 무엇인가요?

③ 바뀐 자신을 상상해보세요. 위화감은 없는가요?

④ 왜 위화감을 느끼는 걸까요?

질문에 대한 답은 각자가 적어놓는데, 그것을 다른 사람에게 설명을 하는 중에 생각이 바뀌는 경우도 있다고 한다.

강의가 끝날 때쯤에 몇몇 학생이 솔선해서 자신의 심리적 요인을 발표했다.

요시다의 인상에 깊이 남아 있는 것은 중국인 여학생의 사례였다.

그녀는 방 정리가 질색이라서 그런 자신을 전부터 바꾸고 싶어했다고 한다. 그런데 도무지 방을 정리할 수가 없단다. 다만 그 배경에 있는 심리적 요인은 뜻밖의 것이었다.

"그녀에게는 '집안일을 하는 여성은 사회적으로 성공하지 못한 여성의 상징이다'라는 고정관념이 있었다고 합니다. 전업주부로 살아온 어머니의 모습도 혐오했다고 사람들 앞에서 발표했습니다. 방 청소를 하는 것은 곧 자신이 사회적으로 성공하지 못했음을 상징한다는, 그런 식의 심리적 요인이 작용했던 것입니다."

페트리글리에리 교수도 자신의 심리적 요인을 이야기해주었다.

교수는 '엄마로서 아내로서 사회인으로서 지나치게 일만 하고 있는 것'을 바꾸고 싶어했다.

심리학 멘토의 도움으로 그 배경에 있는 심리적 요인을 찾아보았더니 '100% 완벽하게 하지 않으면 주위사람으로부터 사랑받지 못한다'는 식의 불안감이 있다고 한다. 그것은 유아기의 체험에 뿌리를 두고 있었다.

요시다도 이 수업을 통해 자기 내부의 몇 가지 심리적 요인을 알게 되었다.

"저의 내면을 분석하는 동안에는 좀체 떠올리고 싶지 않은 일이 떠오르거나, 생각하기 싫은 체험을 재현하게 되기도 해서 괴로웠지만, 이 강의가 끝날 무렵에는 '주위의 평가에 지나치게 신경 쓰던 모습'과 '감정적으로 격앙되는 모습'이 사라졌습니다. 그 결과 저의 내면을 솔직하게 털어놓을 수 있게 되었고, 저다운 리더십 스타일을 찾을 수 있었습니다."

요시다가 발견한 리더십 스타일은 '주위 사람들의 얼굴에 웃음이 번지게 하는 리더십'이다.

"과거의 체험을 되짚어보는 과정에서 떠오른 생각이 도쿄 디즈니랜드에서 일했던 경험입니다. 그러고는 '주위 사람들의 얼굴에 웃음이 번지게 할 만한 일을 목표로 삼아나가고 싶다'고 교수에게 말했더니 '성장했네요'라고 말해주더군요."

돌이켜보면 이 강의를 포함해서 '자신에 대해 알고, 자신을 바꾸는 강의'가 참 많았다는 생각이 든다.

"INSEAD에서 공부한 1년은 일정한 틀에 사로잡혀 있던 저를 새롭게 바꿔주었습니다. 물론 실무도 충분히 배웠지만, 조직행동 등 저의 내면을 알아가는 강의는 절대로 못 잊을 것입니다."

요시다 가요의 진로

2013년 8월, 요시다는 아프리카 가나의 수도 아크라에서 일하기 시작했다. 근무처는 자카나 파트너스Jacana Partners라는, 아프리카 중소기업에 집중적으로 투자하는 사모펀드다. 본부는 런던에 있으며 케냐와 가나에 현지사무실이 있다. 요시다는 아크라를 거점으로 유망한 창업자를 아프리카 현지에서 찾아 내 투자가로서 재무·전략 부분을 도와주고 있다.

요시다는 대학시절부터 다양한 형태로 신흥경제국의 개발 원조 분야에 종사해왔다. 투자은행에서 일했을 때도 휴가 때는 모잠비크의 고아원에 자원봉사를 하러 갔다. INSEAD에 유학한 것도 '개발 원조에 기여할 수 있는 일을 하고 싶다'는 마음이 있었기 때문이다. 그런 마음을 현실로 만들어준 것이 INSEAD다. 아프리카에서 활약 중인 사회적 기업가를 만나 조언을 듣고 나서 '졸업 후에는 아프리카에서 일하고 싶다'는 생각을 갖게 된 것이다

"처음 입학했을 때는 제 경력으로는 아무래도 개발금융 쪽으로 가는 것이 맞지 않을까 생각하고 있었는데, 각종 강의를 통해 실제로는 개발에 종사할 수 있는 방법이 다양하다는 점, 진정으로 그 길을 가려면 비판이나 거부에 주눅 들지 않고 몇 번이고 계속 도전해야 한다는 점, 그리고 저에게는 INSEAD의 졸업생으로서 긍지를 가질 수 있는 일을 할 기회가 주어져 있다는 사실을 깨달았습니다. INSEAD에서의 다양한 만남이나 강의가 앞으로의 인생을 바꾸게 될지 어떨지는 이제부터 저 스스로 얼마나 분발하느냐에 달려 있다고 생각합니다."

인시아드INSEAD
프랑스, 싱가포르, 아부다비에 캠퍼스를 두고 있는 세계 유수의 비즈니스 스쿨이다. 1957년 프랑스에서 설립되었다. The Business School for the Word라는 슬로건처럼 학생들의 출신 국가가 80개국이 넘어 국제성이 높다는 점이 특징이다. 강의는 모두 영어로 이루어지는데, 3개 국어를 구사할 수 있는 어학 능력이 졸업 요건이다. 10개월 만에 MBA를 취득할 수 있는 것도 특징이며, 1월 입학과 8월 입학 프로그램이 있다. 학생은 학기마다 원하는 캠퍼스를 선택할 수 있다.

요시다 가요吉田佳世
1986년 도쿄에서 태어났다. 고등학교 입학 때까지 5년간은 캐나다, 미국, 벨기에에서 보냈다. 2009년 미국 보스턴의 터프츠 대학을 졸업한 뒤, 도쿄의 J. P. 모건 증권 주식회사에 입사해서 M&A 자문 업무 등에 종사했다. 2012년 프랑스의 INSEAD에 유학하여 2013년에 MBA를 취득했다. 같은 해 8월부터 아프리카 중소기업에 집중적으로 투자하는 영국 사모펀드 '자카나 파트너스'에 근무하고 있고, 현재 가나에 주재 중이다.

세계 최고의 MBA는
무엇을 가르치는가

제14장

—

하버드
비즈니스 스쿨(Ⅱ)

왜 하버드의 강의는 눈물이 날 정도로 감동적인가?

"우리는
꿈을 이루기 위해
하버드에 들어갔다"

'리더십과 조직행동'
— 엘리트들은 진심으로 꿈을 말하고 눈물을 흘린다

하버드 비즈니스 스쿨의 강의는 왜 눈물을 흘릴 정도로 감동적일까?

그 힌트는 바로 교수와 학생들 사이에서 이루어지는 끈끈한 커뮤니케이션에 있다.

구레 분쇼는 하버드 대학에 입학하고 나서 모든 교수가 학생 한 사람 한 사람의 얼굴과 이름을 완벽하게 기억하고 있는 모습을 보고 깜짝 놀랐다.

"강의에서 단 한 번 발언을 했을 뿐인데도 복도나 식당에서 만나면 어떤 교수든 'Hey Bunsho, how are you doing?' 하며 만면에 웃음을 띠고 인사를 건네주었습니다. 게다가 제가 하버드에 입학하기 전에 일본의 상사에서 에너지 관련 일을 했던 것이나 어린 시절 뉴욕에서 살았던 일까지 알고 있었어요."

구레는 입학 전의 준비수업인 프레 MBA 수업에서 도움을 받은 V. G. 나라야난 교수에게 "어떻게 그리 많은 학생의 얼굴이나 이름을 그렇게 빨리 외울 수 있는 거죠?"라고 물어본 적이 있었다. 그러자 교수는 "학생들의 이름을 기억하고 있는 것은 내 기억력이 좋기 때문이 아니에요. 여러분들이 하버드에 입학하기 수개월 전부터 여러분들을 받아들일 준비를 하고 있었기 때문이지요"라고 대답했다고 한다.

미래의 리더를 맞이하기 전에 교수들은 한 클래스 90명 전원의 얼굴과 이름과 경력을 완벽하게 외운다고 한다. 게다가 자신이 이끌 팀(또는 회사) 멤버의 얼굴, 이름, 이름의 발음, 경력을 기억하는 것은 이른바 '제왕학'의 기본이다. 하버드의 교수는 리더십의 모범을 직접 실천하고 있다고 할 수 있다.

비단 이름과 경력만이 아니다.

교수들은 80분 수업에서 나왔던 발표나 발언들을 모조리 기억한다. 하버드의 강의는 성적의 50%가 수업 때 한 발표로 평가되기 때문이다. 강의내용을 기록하는 서기가 있지만, 기본적으로 담당교수가 모든 발표내용을 기억하고 있다가 수업이 끝나면 머릿속에서 한 번더 검토한 뒤 10점 만점이나 5점 만점으로 점수를 매긴다.

모든 교수가 90명 전원의 발표 습관이나 경향까지 훤히 꿰고 있다고 한다.

교수와 학생 간의 이런 신뢰관계는 특히 리더십 강의를 통해서 깊이 확보된다. 구레가 입학한 지 얼마 지나지 않은 2011년 9월에 이수한 '리더십과 조직행동'Leadership and Organizational Behavior도 그중 하나였다.

강의를 담당했던 잔피에로 페트리글리에리 객원부교수는 프랑스의 비즈니스 스쿨 INSEAD의 부교수인데, 2012년까지 하버드에 재직했다. INSEAD에서 학생들로부터 '최고의 교수'로 뽑힌 적이 있으며, 지금은 INSEAD 외에 스위스의 IMD(국제경영개발원) 등에서도 교편을 잡고 있다.

하버드에는 탁월한 리더십 강의가 다양하게 있는데, 이 강의는 입학 후 처음 이수하는 것이라서 그야말로 하버드식 리더십의 기초를 배운다.

강의는 충격적인 리더십의 실패 사례에서부터 시작했다.

하버드 비즈니스 스쿨을 졸업한 지 얼마 안 된 젊은 엘리트가 한 의료기기 제조회사의 제너럴 매니저로 채용된 뒤 신규사업을 기획하면서 고전하는 이야기다. 이름은 가명이지만 대부분 실화라고 한다.

여기에서는 주인공을 A라고 한다. A는 지난날 경영컨설턴트였으며, 하버드 비즈니스 스쿨을 갓 졸업한 스물아홉 살의 남성이다. 50여 명의 직원이 있는 의료기기 제조회사에 들어가서 자회사 책임자로 취임했다. 부하직원은 30대 후반에서 40대의 베테랑들로, A의 취임을 달가워하지 않았다. 신참자이며 더구나 20대인 A는 나이 많은 부하직원들의 비협조 속에 갈수록 고립되었다. 본사와의 커뮤니케이션도 제대로 이루어지지 않았다. 그 결과 A 혼자서 무리하게 진행한 신규사업은 실패로 끝났다.

교수는 토론을 진행했다.

토론 주제
A는 왜 실패했을까?

"모회사의 상사와 좀더 상의해서 진행해야 했던 게 아닐까요?"

"부하직원과의 커뮤니케이션을 시도하지 않은 것은 잘못 아닐까요?"

"이 지책은 스물아홉 살의 A에게는 애초에 감당하기 어려웠던 자리가 아닐까요?"

이런저런 의견을 주고받은 뒤, 그 다음 강의에서 학생들은 모델이 된 A가 회사에서 해고당했다는 사실을 알고 충격을 받았다. 하버드 비즈니스 스쿨의 졸업생이 해고를 당하리라고는 예상도 하지 못했기 때문이다. 첫 강의에 이 이야기를 사례로서 든 것은 신입생들이 주인공의 모습을 통해 '하버드 비즈니스 스쿨을 졸업했다고 해서 반드시 성공하는 것은 아닌 현실'을 받아들이고 긴장의 끈을 늦추지 않게 하기 위해서라고 한다.

그와 동시에 교수가 강조하는 것은 실패의 중요성이다.

"하버드 비즈니스 스쿨을 졸업했다는 것은 실패를 해도 다시 일어설 수 있다는 보증을 받은 것과 같습니다. 설령 졸업한 뒤 세 번을 실패해도 하버드 MBA는 사라지지 않습니다. 그러니 실패를 할 수 있는 동안에는 위험을 무릅쓰고 과감하게 도전해보세요."

'리더십과 조직행동'에서는 이 실화를 시작으로 3개월 동안 크게 세 가지 주제를 다루었다. 대부분 사례(기업사례)를 놓고 토론하는 수업이었다.

첫번째 주제는 '조직 안에서 어떻게 리더십을 발휘할 것인가, 부하직원과 상사, 동료 등과 어떤 식으로 생산적인 관계를 쌓아나가야 하는가'이다.

두번째 주제는 '성공하는 리더가 되기 위해서는 어떤 결단을 내리고 행동을 해야 하는가'이다.

그리고 세번째 주제는 '자신의 커리어플랜을 어떻게 전략적으로 세워가야 하는가'이다.

사례토론 수업에서 정답이란 없다. 구레는 말한다.

"80분 동안 사례에 대한 토론을 하게 되면 매번 '깨닫는 것'이 있습니다. 미국에서는 이런 생각을 한다는 거네? 인도인은 이런 생각을 갖고 있고, 중국인은 이런 생각을 하는 거군. 이런 커뮤니케이션 방법도 있었네 하며 말이죠. 그리고 그 '깨달음'을 제 것으로 만들면서 하루하루 리더십 기술을 향상시키려고 노력했습니다. 무엇보다도 리더십은 타고난 재능이나 카리스마가 아니라 노력을 통해 익히는 기술이라는 점을 깨닫게 해준 강의입니다."

구레의 인상에 깊이 남아 있는 사례는 라쿠텐의 미키타니 히로시 사장이 영어를 사내 공용어로 정한 일이다. 미키타니 사장이 졸업생이기도 해서, 하버드에서는 라쿠텐의 사례가 강의소재로서 다양하게 다루어진다.

2010년에 미키타니 사장은 '라쿠텐을 세계 제일의 인터넷 서비스 기업으로 만든다'는 비전 아래 '사내 영어 공용어화'를 선언했다. 그뒤로 이 회사에서는 1년이 넘도록 반대여론이 돌았으며, 대부분의 직원은 TOEIC에서 목표점수를 따지 못했다고 한다.

이런 사내 공용어의 영어화Englishnization 배경을 이해한 뒤에 다음과 같은 주제로 토론을 벌이기 시작했다.

> **토론 주제**
> **미키타니 사장은 앞으로 영어화 정책을**
> **어떻게 진행해나가면 좋을까?**

"업무 효율이 떨어지는 게 아닐까요? 일본어로 하면 30분이면 끝날 회의가 영어라면 1시간 넘게 걸리지 않을까요?"

"영어로 하다보니 커뮤니케이션이 제대로 이뤄지지 않아 실책이 늘어나는 게 아닐까요?"

"미키타니 사장은 올바른 결정을 내린 겁니다. 해외의 사업회사를 매입했으니 관련 회사와 원활하게 사업을 진행하려면 영어화는 필수인 거죠."

토론이 무르익어가자, 페트리글리에리 교수가 때를 기다렸다는 듯이 구레에게 의견을 물었다.

"분쇼 학생, 미키타니 사장은 왜 이런 결정을 내렸을까요? 그는 정말 직원들이 영어만 할 수 있으면 기업이 글로벌화된다고 믿고 있는 걸까요? 그러면 미국이나 영국의 회사는 자동적으로 '글로벌 기업'이 되는 셈인가요?"

세계 최고의 MBA는
무엇을 가르치는가

갑자기 지명을 받아 당황하면서도 구레는 이렇게 대답했다.

"미키타니 사장이 정말로 노린 것은 일본 전체에 '좀 더 세계로 눈을 돌리자', '글로벌화를 한층 더 진행해나가자'는 메시지를 발신하는 것이 아닐까 싶습니다. 사내 공용어를 영어로 정한다는 것은 '하나의 알기 쉬운 상징'으로서 내걸고 있는 게 아닐까요? 직원들은 영어를 공부하고 영어로 커뮤니케이션을 하는 과정에서 외국 사람들의 문화나 가치관에 대해 생각하게 될 것입니다. 일본에만 국한되지 않는 가치관으로 일을 하기를 바랐던 것이라고 저는 생각합니다."

이에 대해 전에 컨설턴트였던 미국인 학생에게서 가벼운 반론이 나왔다.

"저는 미키타니 사장의 방식이 좀 잘못되었다고 봅니다. 그는 일본 기업 그리고 일본 문화의 좋은 점을 깎아내리고 있잖아요. 일본어에는 경어라는 멋진 언어사용법이 있습니다. 윗사람을 공경하는 마음, 고객을 윗사람으로 여기는 마음, 이런 것도 영어화의 과정에서 사라지는 게 아닐까요?"

그 학생은 일본 기업을 상대로 컨설팅을 했던 경험이 있어서 일본 문화에 밝았다. 그 학생은 이어서 말했다.

"여러분도 2008년에 미국식 경영이 어떤 결과를 초래했는지 기억하고 있지 않나요? 일본의 종신고용이나 연공서열 제도에도 배울 점이 꽤 많습니다. 라쿠텐의 글로벌화는 라쿠텐이 일본 기업으로서의 정체성을 확실하게 갖고 있을 때라야 의미 있는 게 아닐까요?"

구레는 이 동급생의 발언을 듣고 충격을 받았다.

"하버드의 학생이 일본의 문화나 사회구조까지 훤히 꿰뚫고 있는 것을 보고 놀랐습니다. 그리고 그런 발언이 미국인의 입에서 나와서 더 신선한 느낌을 받았죠. 저는 일본 기업이 어떤 방향으로 갈 수 있도록 하고 싶은 건지, 강의가 끝난 뒤 점심시간에 혼자서 샌드위치를 먹으며 멍하니 생각했습니다."

이와 같은 성공한 리더의 사례에 대해서 교수나 동급생들과 깊이 있는 토론을 거듭한 뒤, 강의 후반에는 자신의 경력관리를 어떻게 할 것인지에 초점이 맞추어졌다.

2011년 11월의 강의주제는 다음과 같다.

토론 주제
'10년 후의 자신'과 '20년 후의 자신'의
이상적인 모습을 발표해주세요.

90명의 학생들이 제각각 꿈을 이야기했다.

구레는 '20년 후=48세의 자신'에 대해서 발표했다.

"우선은 일본인 경영자로서 성공하여, 사업을 통해 세상에 좋은 영향을 주고 싶습니다. 그리고 그뒤에는 제 경험을 다음세대에게 전해주고 싶습니다. 가급적이면 하버드 비즈니스 스쿨에서 가르치는 것이 제 꿈입니다."

한편, 동급생들도 각자의 꿈을 말했다.

"아이들에게 자랑할 수 있는 일을 하고 싶습니다."

"아내와 20년 후에도 서로 사랑하며 지내고 싶습니다."

"귀국해서 고국을 위해 일하고 싶습니다."

아프리카 우간다 출신의 학생은 "우간다의 대통령이 되겠습니다"라고 선언했다.

"'사장이 된다', '부자가 된다'고 적은 학생들이 가장 많지 않을까 생각했는데, 일 이외의 분야에서 꿈을 찾는 사람들이 많았습니다. 하버드의 학생들에게는 일로 성공을 한다는 것은 꿈이라기보다 하나의 현실적 목표인지도 모르겠습니다."

꿈에 대해서 마음껏 주고받은 수업이 끝나갈 무렵, 페트리글리에리 교수는 학생들에게 이런 말을 해주었다.

"여러분의 꿈은 이루어질 가능성이 충분하다는 점, 꿈을 좇는 일이 여러분의 인생을 의미 있게 해줄 것이며 가치 있게 해준다는 점을 기억해주기 바랍니다. 꿈을 좇는 일을 절대로 잊지 말아주십시오!"

서로 꿈에 대해 이야기를 주고받은 뒤 교수의 말에 감격해서 눈물을 흘리는 학생도 있었다.

구레 역시 자기도 모르게 눈물이 나올 것 같았다.

"머리가 아플 정도로 공부하고 격렬하게 토론하며 정신없이 보낸 1학기의 마지막에 선물로 받은 말이었습니다. '아, 그렇구나. 꿈을 이루기 위해서 하버드에 왔던 거지' 하며 다시금 초심을 떠올렸습니다. 또한 이 강의가 계기가 되어서 저 자신의 꿈이 커졌다는 사실을 알았습니다. 회사를 위해, 일본을 위해 무엇을 할 수 있는지 더욱더 깊이 고민하게 되었습니다."

'진정한 리더십의 개발'
— 자신을 적나라하게 말하면서 자신을 알게 되다

'리더십과 조직행동' 강의에 감명을 받은 구레는 다음해에는 자신의 리더십 기술을 좀더 향상시키기 위해 존 가바로John Gabarro 명예교수가 담당하는 '진정한 리더십의 개발'Authentic Leadership Development을 신청했다. 가바로 교수는 조직행동과 리더십론의 대가이며 수많은 사례를 정리했다.

이 강의에서는 6명이 하나의 그룹이 되어 '리더란 어떠해야 하는가'에 대해서 깊이 이야기를 나눈다.

가바로 교수는 "리더는 자신에 대해 잘 알고, 자신의 신념에 솔직해야 한다"고 말한다. 그래서 강의는 성공한 리더에 대해 이야기하기보다는 자신을 아는 데 중점을 두고 진행한다. 귀가 좀 안 들리는 가바로 교수는 항상 보청기를 끼고 있다. 학생이 발언을 하기 시작하면 바싹 다가와서 귀를 기울인다. 때로는 학생의 눈앞에서 턱을 괴고 앉아서 단어 하나라도 놓칠세라 귀를 쫑긋 세우고 듣는다.

그룹 토론에서는 자신의 리더십 스타일, 강점이나 약점, 실패한 경험, 성장과정, 장래의 고민 등을 적나라하게 털어놓는다. 학생들의 개인정보와 관련되기 때문에 여기서 상세하게는 전달하지 못하지만, 일반론으로서 적어보면 다음과 같다.

"실은 ○○회사에 들어가고 싶은데, 급여가 하버드에 입학하기 전보다 적습니다. 돈도 중요한 문제라서…… 이를 어쩌면 좋을까요?"

"지금까지 성공을 위해서만 살아왔는데, 장차 결혼을 하거나 아이가 생기면 저는 어떻게 될까요? 아니, 그보다 먼저 결혼상대를 찾아야 하는데……."

"하버드에 들어와서 '세계적으로 모범이 되는 리더가 되라'는 가르침을 받고 있지만, 제가 정말 그런 사람이 될 수 있을지 불안합니다."

"이제는 고민을 친구든에게 털어놓지 못해요, 왜냐하면 '넌 하버드에 들어가서 좋은 스펙을 쌓고 돈도 충분한데 뭐가 불만이야? 내 입장에서 보면 배부른 고민이야!'라는 핀잔을 듣는 게 고작이라서요."

동급생들이 자신의 고민을 숨김없이 털어놓는 모습을 보면서 구레는 내심 충격을 받았다.

"하버드의 학생은 언뜻 보면 별다른 어려움 없이 살고 있는 것처럼 보이지만 다들 고생도 많이 하고 있고, 제대로 잠을 자지 못할 정도로 고민도 많고 불안감도 갖고 있구나 하는 생각이 들었습니다."

구레의 고민은 하버드 대학에 들어와서 '남에게 지식을 전달하는 일', '남을 가르치는 일'에 대한 관심이 높아진 점이었다. 물론 회사에서 보내준 유학이기 때문에 졸업한 뒤에는 미쓰이물산에서 일하기로 약속되어 있다. 하지만 '뭔가 가르치는 일을 하고 싶다'는 이 욕구를 어떻게 하면 좋을까?

이에 대해 미국인 팀 멤버가 조언을 해주었다.

"분쇼의 이야기를 들어보면 '동료'를 무척 소중히 여기는 사람이라는 걸 알 수 있어요. 조직에 대한 충성심이 상당히 강하고요. 동아리 친구나 회사 기숙사 동료들을 성심껏 대해주잖아요. 그 가치관을 소중히 간직하는 편이 좋겠어요. 그것이 분쇼가 지니고 있는 핵심가치란 말이죠. 그러니 지금은 소속된 회사나 동료와의 관계를 우선시하는 편이 좋지 않을까요?"

비즈니스 스쿨에서 교편을 잡는 것은 회사에서 충분히 일을 한 다음에 하자고 결심한 순간이었다.

이 강의에서는 그룹 토론이 끝나면 매번 가바로 교수에게 '이번 주에 자신이 생각한 일'을 과제물로 제출한다.

자신이 깊이 생각한 일이라면 무엇이든 상관없다. 강의내용이나 인터넷에서 읽은 기사, 친구의 발언 등을 주로 쓴다. 그러면 교수가 한 사람 한 사람에게 피드백을 해준다.

"경영대학원을 졸업하고 나면 열심히 일해서 실적을 올리고 싶고, 가족과의 시간도 소중히 하고 싶습니다. 하지만 결국 일에 파묻혀버릴까봐 불안합니다."

구레가 이런 내용을 제출하자, 교수는 다음과 같이 답변해주었다.

"워크 라이프 밸런스라는 말이 있는데, 실현하기가 쉽지 않아요.

중요한 것은 가족과 있을 수 있는 한정된 시간을 어떻게 보내느냐는 것입니다. 가족과 함께 보내는 시간은 100% 가족에게 집중하는 것이죠. 집에서는 스마트폰을 놓으세요!"

강의시간에 동료들이나 교수와 깊이 있는 토론을 나누고 자신을 내보이면서 구레는 점점 더 스스로를 객관적으로 볼 수 있었다.

"주위 사람이나 환경에 휘둘리지 않으면서 제가 나아갈 길은 머리를 쥐어뜯으며 직접 생각하고, 발버둥을 치면서 억척스럽게 개척해갈 수밖에 없다고 새삼스레 생각했습니다."

구레는 마지막 강의 때 교수가 눈물을 흘리며 학생들에게 감사의 말을 해주던 모습을 잊을 수 없다고 한다.

"여러분은 아름다운 사람들입니다. 이력도 강의실에서 했던 발언도, 그리고 외모도 아름답습니다, 하지만 무엇보다도 아름다운 것은 여러분의 마음입니다. 이 강의를 통해서 저는 여러분의 아름다운 내면에 가닿을 수 있었습니다. 여러분에게 가슴 깊이 감사의 말씀을 전하고 싶습니다."

'현지실습 프로그램 IXP: 일본'
— '도호쿠 재난'을 하버드의 사례집으로 만들다

두 개의 리더십 수업을 통해서 자신의 꿈을 재확인하고 가치관을 인식한 구레는 지진 재난지역인 일본 도호쿠의 모습을 전세계에 알리는 일에 참여했다.

2013년 1월, 구레는 하버드 대학의 필드 스터디인 IXP^{Immersion Experience Program}에 참가해서 동급생 30명과 함께 도호쿠 현지를 찾아갔다. 지진 재난지역인 도호쿠의 복구 상황을 조사해서 하버드 비즈니스 스쿨의 사례집으로 만들어 세계에 알리는 것이 목적이었다. 30명이 다섯 종류의 사례집을 작성하는 대형 프로젝트였다.

"저는 2011년 7월에 유학을 갔습니다. 도호쿠 대지진이 일어난 직후에 미국으로 건너갔기 때문에 현지 자원봉사활동을 할 수가 없었지요. 그 일이 계속 마음에 걸리더군요. 하버드의 학생으로서 제가 할 수 있는 일은 무엇일까를 생각한 끝에 사례 연구법에 쓰일 사례집을 작성하기로 했습니다. 하버드대의 사례집에 실리면 전세계 비즈니스 스쿨의 교수나 학생들이 읽을 것이기 때문이죠."

구레는 미야기현 이시노마키시 오가쓰초에 있는 주식회사 OH갓쓰를 취재했다. 대지진 뒤 어민들과 수산업자, 자원봉사자 등으로 설립된 회사이며, 새로운 어업 비즈니스 모델을 실천하고 있다.

오가쓰초의 해산물을 연간 1만 엔에 통신판매로 회원들에게 팔거나, 어부가 되고 싶은 젊은 사람들을 지도하는 등 이 회사의 다양한 활동이 세계의 언론에 소개되고 있다. 구레는 사례집을 만들기 위해 이 회사의 경영진은 물론이고 고객이나 후원자까지 폭넓게 취재했다.

취재활동을 하면서 도호쿠 지역이 안고 있는 문제는 언젠가 일본 전체, 더 나아가서 세계 전체의 문제가 될 수 있다는 점을 절감했다.

'고령화', '과소화過疎化', '노동력 유출'과 같은 문제는 대지진 전부터 있었던 문제로, 지진이 일어나면서 더 빨리 진행되었다는 이야기를 현지 주민들에게 들었다.

"재해복구는 재해 전의 상태로 되돌리는 것이 아니라 새로운 사업 모델이나 커뮤니티 구조를 만드는 일이라는 걸 강하게 느꼈습니다. 그리고 도호쿠 지역이 성공적으로 복구되면, 세계가 장차 직면할지도 모르는 문제를 해결하는 데 도움이 될 수 있을 것입니다."

구레가 작성한 사례집은 2014년 하버드 비즈니스 스쿨의 일본인 교수 다케우치 히로다카의 강의에서 처음으로 사용될 예정이다. 다케우치 교수는 담당교수로서 구레를 포함한 프로젝트 팀을 선두에서 이끌어주었다고 한다.

"다케우치 교수님을 보면서 언젠가는 후배들에게 일본 특유의 사업과 경영에 대해 가르침을 주고 싶다는 생각이 강하게 들었습니다. 물론 우선은 글로벌 비즈니스 현장에서 경영을 배우고 하버드에서 갈고닦은 리더십을 실천해가려고 합니다."

구레 분쇼의 진로

2013년 7월 현재 구레는 미쓰이물산의 에너지 제1본부에서 석유·천연가스 탐사, 개발, 생산 프로젝트에 종사하고 있다. 수년 뒤에 해외 거점에서 경영관리를 하는 것이 현재의 목표다.

구레는 유학을 다녀오고 나서 자신이 남들한테 뭔가를 배울 수 있는 사람으로 바뀐 것을 확인하면서, 새삼스럽게 전보다 크게 성장했음을 느낀다고 한다.

"하버드에 다니면서 세상에는 뛰어난 사람들이 수두룩하다는 걸 알게 되었습니다. 저하고는 비교도 할 수 없을 정도로 그릇이 큰 학생들을 얼마나 많이 만났는지 모릅니다. 뛰어난 사람들한테서 배우고 힘을 빌리는 방법도 몸에 익혔습니다. 그리고 하버드의 학생들뿐만 아니라 직장동료, 부하직원, 상사 등 어느 위치의 사람이든 저보다 뛰어난 점을 갖고 있으며, 그런 점을 발견하고 배우는 것도 리더십이라는 것을 실감했습니다. 앞으로도 미쓰이물산에 좋은 영향을 미칠 수 있는 존재가 되기 위해 열심히 노력하고 싶습니다. 저의 모습을 보고 후배들이 MBA 유학을 꿈꿀 수 있게 되기를 희망합니다."

구레 분쇼吳文翔

1983년 가나가와현에서 태어났다. 어려서는 뉴욕에서 생활했다. 2006년 게이오 대학 법학부를 졸업한 뒤, 미쓰이물산 주식회사에 입사했다. 에너지 본부에서 러시아 사할린 II 프로젝트와 미개척 지역의 신규 가스전 매입 건을 담당했다. 2011년에 하버드 비즈니스 스쿨에 유학했고 2013년에 MBA를 취득했다. 현재 미쓰이 물산 주식회사 에너지 제1본부에서 석유·천연가스 탐사, 개발, 생산 프로젝트에 종사하고 있다.

세계 최고의 MBA는
무엇을 가르치는가

제15장

스탠퍼드 대학
비즈니스 스쿨(Ⅱ)

역경 속에서 펼쳐지는 스탠퍼드식 리더십

진정한 리더는
어떤 선택을
해야 하는가?

'리더십 개론'
— 리더는 조직의 거울이며 상징이다

미즈시마 아쓰시는 1년차 필수과목 '매니지먼트와 윤리'Ethics in Management라는 강의를 통해 스탠퍼드 대학 비즈니스 스쿨의 로버트 존스 명예교수를 처음 만났다.

초청강사로서 방문한 존스 교수는 실은 전 학장이었다. 1999년부터 10년 동안 학장을 맡으면서 과감한 커리큘럼 개혁 등을 통해 세계 톱 스쿨로서의 위치를 굳건히 다졌다.

미국의 웰즈파고 은행에서 부회장 등을 역임한 뒤 호주 웨스트팩 은행의 CEO로 취임하여 1990년대 당시 경영난에 허덕이던 은행을 극적으로 회생시킨 실적을 갖고 있다. 그뒤 스탠퍼드 비즈니스 스쿨의 학장으로 취임했다.

일본에 있을 때 변호사로서 M&A 사안을 수도 없이 다루었던 미즈시마는 금융계 출신인 존스 교수가 "리더는 항상 성실해야 하며 청렴해야 한다"고 누누이 강조하던 모습이 잊히지 않는다고 한다.

"존스 교수님은 1990년대에 웨스트팩 은행의 CEO로 취임하자 곧바로 해외 프라이비트 뱅킹 부문을 폐쇄했습니다. 이 부문은 비록 수익을 올리고 있기는 했지만, 고객의 신분이 불투명해서 돈세탁에 악용될 소지가 있었기 때문이지요. 그때 교수님은 어떤 조직이든 무엇보다도 청렴해야 한다며 폐쇄를 결정했다고 합니다. 당시 교수님은 내리막길이던 경영을 다시 일으켜세울 것이라는 기대와 함께 은행 외부에서 모셔온 CEO였습니다. 그런 만큼 수익부문을 폐쇄하는 조치는 결정을 내리기가 상당히 어려운 일이었을 겁니다. 그런 상황에서 스스로 청렴한 리더십을 실천하고 또 조직을 성공적으로 이끈 사람이 직접 한 말이라서 무척 설득력이 있었습니다."

존스 교수의 강의는 한 번뿐이었다. 존스 교수의 리더십론을 좀더 배우고 싶었던 미즈시마는 2012년 가을, 2년차 선택과목으로 이 교수가 담당하는 'Issues in Leadership'(리더십 개론)을 신청했다.

미즈시마는 일본 변호사로서 국제적인 M&A 사안을 처리할 때 종종 해외의 변호사를 포함한 다국적 팀에서 리더십을 발휘할 기회가 있었다. 하지만 어려운 국면에 처한 경우도 많았다고 한다.

'팀이 어려운 상황에 처했을 때 어떻게 팀 전체의 능력을 향상시키면서도 청렴한 조직으로 이끌어갈 수 있는가?', '고국이 아닌 나라에서 글로벌 기업의 경영자로 성공한 사람의 리더십론은 어떤 것일까?' 등 존스 교수에게 배우고 싶은 것이 하나둘이 아니었다.

수업은 정원이 15명이다. 제록스를 재건한 여성 CEO 앤 멀케이, 남극탐험가 어니스트 섀클턴 같은 성공한 리더의 사례를 소재로 토론을 거듭하면서 진정한 리더십이란 무엇인지를 배워나갔다. 학생이 직접 자신의 리더십 체험을 발표하는 경우도 있다.

예컨대 교수는 이런 실화를 소개했다.

세계 최고의 MBA는
무엇을 가르치는가

사례

리먼 쇼크의 영향으로 어떤 금융기관의 한 부문이 폐쇄된다. 그 부문의 수장인 A는 폐쇄가 결정된 뒤 부하직원이 재취업할 곳을 찾기 위해 동분서주하면서 마지막 한 명의 재취업이 결정될 때까지 회사에 남았다. 그 결과 A 자신은 이직을 할 기회를 놓치고 말았다. A의 결단은 옳은 걸까?

"A도 가족이 있고 생활을 해나가야 하는데 마지막까지 남아서 부하직원을 챙겨줄 필요는 없지 않았을까요?"

"조직이 없어진 이상, 서둘러 새로운 무대에서 리더십을 발휘하는 편이 A 본인에게나 사회 전체에 최선이 아니었을까 생각합니다."

"리더가 재빠르게 도망치는 것은 대단히 자기중심적입니다. 그런 사람은 리더라고 할 수가 없겠지요."

이렇게 토론이 진행되는 중에 미즈시마가 발언했다.

"그런 경우에 자기만 살려고 재빠르게 도망을 친다면 평생 '그때 팀을 버린 사람'이라는 낙인이 찍혀서 그후로는 사람들의 신뢰를 얻지 못하게 되지 않을까요?"

학생들의 토론이 얼추 마무리되자, 존스 교수는 이렇게 정리했다.

"리더에게는 강한 오너십(=자신은 리더라는 당사자 의식)이 꼭 필요하며, 오너십을 지닌다는 것은 팀원을 '진심으로 배려하는 태도'라고 저는 믿고 있습니다. 어려운 판단에 직면한 상황에서 최후까지 오너십을 관철시키는 길을 선택한 A야말로 진정한 리더라고 생각합니다."

미즈시마는 말한다.

"존스 교수님에게는 리더는 항상 성실해야 하며, 아무리 상황이 어려워지더라도 그것을 끝까지 관철시켜야 한다는 점을 배웠습니다. 진정한 리더십이란 청렴한 리더가 팀의 신뢰를 얻어 결속력을 높이고 조직을 성공으로 이끄는 것이라는 사실을 똑바로 알았습니다."

다른 강의에서 존스 교수는 진정한 리더의 모델로서 20세기 초의 탐험가 어니스트 섀클턴을 예로 들었다. 섀클턴의 저서 『인듀어런스호 표류기』를 소개하며, 생사를 넘나드는 극한상황 속에서 어떻게 리더십을 실천했는지를 놓고 토론을 하게 되었다.

1914년, 영국인 탐험가 어니스트 섀클턴은 신문광고로 모집한 27명의 대원과 함께 세계 최초로 남극대륙 횡단에 나섰다. 그런데 빙하로 인해 배가 난파되어 조난당했다. 섀클턴은 얼음바다에 내던져진, 아무 도움도 기대할 수 없는 고립된 탐험대를 이끌고 1년 8개월 동안 표류했다. 그리고 1916년 8월, 마침내 전원이 기적적으로 생환했다.

교수는 이런 질문을 던졌다.

토론 주제
섀클턴은 어떻게 모든 대원을 데리고
무사히 귀환할 수 있었을까?

세계 최고의 MBA는
무엇을 가르치는가

섀클턴은 조난을 당한 그 순간부터 이미 목표를 '남극대륙 횡단'에서 '전원 무사귀환'으로 바꾸었다. 그리고 필요한 규율을 만들고 대원 각자에게 역할을 주면서 하루라도 더 오래 생존할 수 있는 조직체제를 형성했다.

무엇보다도 섀클턴은 솔선해서 곤란한 역할을 맡는 자세와 대원들을 배려하는 모습을 보여주었다. 식사도 항상 대원들이 다 먹었는지 확인하고 나서 맨 나중에야 했다. 밤에는 대장 스스로 직접 나서서 누구보다도 길게 불침번을 섰다.

토론 도중에 한 학생이 섀클턴의 리더십에 대한 의문점을 말했다.

"리더로서 자기를 희생하는 정신은 아름답지만, 자신의 몸 상태가 나빠지면 팀 전체가 무너질지도 모릅니다. 그런 경우 리더로서 자기 체력을 보존하는 것도 생각해봐야 하지 않을까요?"

그 옆의 학생은 이렇게 말했다.

"자신의 체력과 정신력을 파악하는 것도 리더의 책무라고 생각합니다. 섀클턴은 그것을 정확하게 파악한 뒤 솔선해서 전원이 생존하기 위한 규율을 보여준 게 아닐까요?"

존스 교수는 말했다.

"리더는 조직의 거울이며 상징입니다. 조직에 규율을 세우고 싶다면 리더 스스로 규율을 몸으로 보여줄 수밖에 없습니다. 팀이 성과를 올리지 못한다면 리더가 몸소 자신을 돌아보려는 노력이 필요합니다."

미즈시마가 이 강의에서 얻은 것은 무엇일까?

"진정한 리더는 항상 성실한 태도로 임하고 오너십 의식을 명확하게 지녀야 하며, 아무리 어려운 상황이라도 이를 관철시키겠다는 각오를 가져야 한다는 점을 배웠습니다. 그리고 리더는 조직의 상징임을 자각하고 조직 전체에 미치는 영향에 대해 책임을 져야 한다는 점을 배웠습니다. 저는 아직 미숙하기 때문에 저의 인격과 의식을 더욱 갈고닦아야 한다는 사실을 새삼스럽게 느꼈습니다."

스탠퍼드 강의 ④

'권력에의 길'
— 불합리하게 생각되더라도 직시하며 맞서라

2013년 1월, 유학생활도 얼마 남지 않은 미즈시마가 꼭 이수하고 싶었던 강의는 제프리 페퍼Jeffrey Pfeffer 교수의 '권력에의 길'The Paths to Power이었다.

스탠퍼드에서 습득한 다양한 지식을 실제 사회에서 구현하려면 반드시 현실적인 인간관계를 이해하고 EQ(정서지능)와 커뮤니케이션 능력을 갈고닦아야 한다고 느꼈기 때문이다.

페퍼 교수는 1979년부터 스탠퍼드에서 교편을 잡아온 명물 교수다. 조직행동학의 대가이며, 저서로『생각의 속도로 실행하라』,『권력의 기술』등이 있다.

이 수업에서는 인간의 감정, 에고, 편견 등으로 빚어지는 조직의

세계 최고의 MBA는
무엇을 가르치는가

역학을 비롯해서, 그 조직 속에서 어떻게 행동해나가야 하는지를 사례나 그룹 토론 등을 통해 배운다.

수업에서 다루는 주제는 실제 상황 자체이다.

사례

B는 실리콘밸리에 있는 IT 기업의 중간 매니저다. 직속상사와 성격이 안 맞은 탓인지 다른 동료에 비해 기회가 주어지지 않는다고 느끼고 있다. 이런 상황을 개선하려면 어떻게 하면 좋을까?

페퍼 교수는 '상사와의 관계가 나쁘기 때문에 기회가 제대로 주어지지 않는다'고 한탄할 게 아니라 우선 그런 현실을 받아들이고, 그 뒤 '기회를 얻으려면 어떻게 하는 것이 좋은지'를 생각해야 한다고 말했다. 그러자 학생들이 다양한 의견을 쏟아냈다.

"상사의 상사와 사이가 좋다면 그 관계를 최대한 살려서 상의를 해보는 것이 우선 아닐까요?"

"외부고객과의 네트워크를 한층 더 굳건하게 다져서 자연스럽게 자신에 대한 좋은 평판이 전달되도록 하는 것은 어떨까요?"

"애초에 직속상사와 성격이 안 맞는다고 해서 피해서는 안 된다고 봅니다. 대화에 너무 소극적인 게 아닐까요?"

"부하직원으로서 뭔가를 받으려고 할 게 아니라 직속상사가 지금 무엇을 필요로 하는지 차분히 분석하여 그 상사에게 힘이 된다면 관계도 나아지지 않을까요?"

그중에는 이런 의견도 있었다.

"스스로 떠나는 방법도 있네요. 상사의 상사와 상의해서 부서이동을 하든지 이직을 하든지."

최종적인 해결책으로는 자신이 부하직원이라면 이직을 하거나 상사라면 부하직원을 해고하는 방법을 떠올릴 수 있지만, 이 수업에서는 '그런 상황에 이르기 전에 뭘 할 수 있는지'를 깊이 생각하는 데 중점을 두었다.

미즈시마는 말한다.

"언뜻 불합리하다고 여겨지는 상황에 어떻게 대처하면 좋을지 제 나름의 생각의 틀이 잡혀서, 세상일에 대해 긍정적으로 생각할 수 있게 되었습니다. 이제까지는 일이 잘 풀리지 않으면 '타인이나 사회제도는 좀처럼 바뀌지 않으니 어쩔 수 없다'고 넘겨버리기 일쑤였는데, 한편으로 제 스스로도 현실을 확실하게 받아들이지 않고 상황 타개를 위한 노력도 충분치 않았다는 점을 깨닫게 되었습니다."

페퍼 교수는 강의에서 "주위 사람이 리더에게 느끼고 있는 것은 현실이 된다"고 누차 강조했다.

교수는 그 예로 라스베이거스에서 호텔과 카지노를 운영하는 게리 러브먼의 리더십을 소개했다.

러브먼은 하버드 비즈니스 스쿨의 부교수였다.

1998년 서른여덟 살 때 하라스 엔터테인먼트의 COO로 취임했다.

그뒤 회사 이름도 바뀌어서 지금은 시저스 엔터테인먼트의 CEO다. 러브먼은 카지노 업계에 고객 데이터 분석에 의한 마케팅 기법을 처음 도입하여 회사를 회생시켰다고 한다.

라스베이거스에 머물면 호텔마다 포인트 카드가 있다. 유저는 포인트를 쌓으면 특전을 받지만 그 대신에 고객 데이터를 제공하게 된다. 어느 슬롯머신에서 게임을 얼마나 했는지, 어떤 레스토랑을 이용했는지 등의 모든 흔적이 기록으로 남는데, 이 카드를 처음 도입한 사람이 러브먼이다.

러브먼은 서비스 매니지먼트를 전문으로 연구했던 학자로, 기업을 경영한 경험은 전혀 없었다. 하지만 결국 3만 5,000명의 종업원, 15개의 카지노, 총 1만 개의 방이 있는 호텔 책임자가 된 것이다.

러브먼이 처음 COO로 취임했을 때, 직원들은 강하게 반발했다. 카지노 업계는 폐쇄적인 편이라서 외부인이 들어오는 것을 대체로 꺼렸기 때문이다. 현장이 힘을 갖고 있고 현장의 규칙으로 경영이 이루어지는 업계였기 때문에, 사람들은 '현장을 모르는 학자가 뭘 할 수 있겠는가' 하는 눈으로 러브먼을 보았다.

그러나 회사의 재무상황은 말이 아니었다. 어떡하든 개선해야 했다.

러브먼은 무엇보다도 먼저 전체 직원의 얼굴과 이름을 외웠다.

미즈시마는 러브먼의 철저한 자세에 감탄을 금치 못했다.

"비즈니스 계통의 직원뿐만 아니라 레스토랑에서 일하는 직원이나, 딜러 등 전직원의 얼굴과 이름을 외웠다고 합니다. 그리고 가급적이면 매일 현장에 가서 반드시 말을 걸었습니다. 게다가 회사 사람들과 되도록이면 많은 시간을 갖기 위해 카지노 안에 있는 호텔 방에서 지냈지요. 그 결과 처음에는 저항감을 보였던 직원들이 서서히 지지하기 시작했고, 그러면서 점차 개혁을 실행할 수 있게 되었다고 합니다."

러브먼도 초청인사로 페퍼 교수의 강의에 나와서 당시의 어려웠던 점을 이야기해주었다.

"구습에 젖어 있는 업계에서 새로운 일을 하려다보면 다양한 저항을 만나게 됩니다. 저항이 일어나는 것도 당연한 일입니다. 그런 저항을 어떻게 지지로 돌려놓을 것인가? 그러기 위한 노력은 개혁이나 사명을 실행하는 데 불가결한 코스이며 기술이기도 합니다. 저의 경우에는 우선 직원들과 함께 생활하고 직원들의 신뢰를 얻는 일이 급선무였던 셈입니다."

교수는 말한다.

"주위 사람의 느낌은 현실이 됩니다. 주위 사람들이 '저 사람은 우리 조직에 가치를 가져다주지 않을 사람이다'라고 느끼면, 그 리더는 실제로 가치를 유발할 수 없습니다. 왜냐하면 뭔가에 기여할 수 있는 기회가 주어지지 않을 뿐만 아니라 설령 기여를 한다고 해도 그 사람의 실적이라고 인식되지는 않기 때문입니다. 이런 불합리한 상황에 직면하면 리더는 그만 '이 상황은 올바르지 않다'고 여기게 되는데, 이것이 현실입니다. 현실을 받아들이고 현실에 맞서야만 비로소 리더로서 해야 할 일을 해낼 수 있게 됩니다."

미즈시마는 페퍼 교수의 이야기를 듣고 비즈니스 스쿨 1년차에 비즈니스 조언자로서 참가했던 스타트업 기업에서 겪은 씁쓸레한 경험을 떠올렸다.

그 기업은 e-커머스 관련 기업이었는데, 멤버는 모두 홍콩계 엔지니어들이었다. 일본인 변호사로 IT 업계에 몸담은 적도 없는 미즈시마는 팀에서 그야말로 문외한 취급을 받았다.

"다양하게 분석하고 조사한 뒤 조언을 해봤지만, 의견이 맞지 않고 어떤 말을 해도 귀를 기울여주지 않았습니다. 결국 몇 달 뒤 그 회사에서 있으나마나한 존재가 되었지요. 이 수업을 들으면서 당시에는 도망을 치지 말고 우선 저부터 커뮤니케이션을 적극적으로 시도하여 신뢰관계를 쌓아야 했다는 점을 새삼스레 실감했습니다."

미즈시마 아쓰시의 진로

2013년 7월 현재 미즈시마는 실리콘밸리에서 WHILL Inc.의 공동창업자 겸 사업개발 담당 디렉터로 일하고 있다.

WHILL은 2012년에 미즈시마와 같은 세대이며 엔지니어였던 사람들이 일본에 세운 회사다. 보도주행도 가능한 차세대 퍼스널 모빌리티(1인용 이동기기)를 개발했다. 원래 새로운 기술, 특히 로봇이나 기계장치를 선호했던 미즈시마는 스탠퍼드에 입학한 뒤 무보수로 비즈니스 조언자로서 이 프로젝트를 지원했다. 그뒤 WHILL이 미국에서 거점을 옮기면서 팀의 권유를 받아 미국 법인의 창업자 중 한 사람이 된 것이다.

WHILL은 미국에서 자금조달을 완료하고 밝은 전망 속에 출발했지만, 미즈시마는 1년 후에는 전에 몸담았던 일본의 법률사무소로 돌아간다고 한다.

스탠퍼드 대학에서 얻은 가르침들 중 가장 인상 깊었던 말은 'Be Yourself=있는 그대로의 자신이 되라'이다. 그 있는 그대로의 자신을 인수분해한 결과, 법률사무소에서 다시 일하기로 결심한 것이다.

"왜 이토록 정열 넘치는 사업을 그만두고 귀국하려 하느냐면, '사업과 법률 양쪽 관점에서 일본의 국제경쟁력을 높이고 또 이노베이션 창출력도 향상시키고 싶은' 정열이 아직도 강하게 남아 있음을 절감했기 때문입니다. 이것은 스탠퍼드에 유학한 이유이기도 합니다. 귀국한 뒤에도 WHILL에는 창업자 겸 비즈니스 조언자로서 계속 관여하려고 합니다."

미즈시마 아쓰시水島淳

1981년 효고현에서 태어났다. 2004년 도쿄 대학 법학부를 졸업한 뒤 사법연수소를 거쳐서 2005년 니시무라 도키와 법률사무소(현 니시무라 아사히 법률사무소)에 들어갔다. M&A 및 세법 전문이며, 국내외 M&A 사안에 대해 조언을 하고 정부에 대한 입법 조언 등에 관여했다. 2007년부터 2011년까지 세이케이成蹊 대학 법과대학원에서 비상근 강사로 일했다. 2011년 스탠퍼드 대학 비즈니스 스쿨에 유학하여 2013년에 MBA를 취득했다. 현재 WHILL Inc.(미국 캘리포니아주) 공동창업자 겸 사업개발 담당 디렉터이다. 저서에 『비즈니스 퍼슨을 위한 기업법무 교과서』 등이 있다.

세계 최고의 MBA는 무엇을 가르치는가

초판 1쇄 인쇄 2014년 6월 2일
초판 1쇄 발행 2014년 6월 9일

지은이 사토 지에 | 옮긴이 황선종 | 펴낸이 강병선 | 편집인 신정민
편집 최연희 | 디자인 이효진 | 저작권 한문숙 박혜연 김지영
마케팅 방미연 최향모 김은지 유재경 | 온라인마케팅 김희숙 김상만 한수진 이천희
제작 강신은 김동욱 임현식 | 제작처 한영문화사

펴낸곳 (주)문학동네
출판등록 1993년 10월 22일 제406-2003-000045호
임프린트 싱긋

주소 413-120 경기도 파주시 회동길 210
문의전화 031) 955-8889(마케팅), 031) 955-2692(편집)
팩스 031) 955-8855
전자우편 paper@munhak.com

ISBN 978-89-546-2493-0 03320

www.munhak.com